Σ BEST
シグマベスト

小学4年生までに
覚えたい
世界(せかい)の国々(くにぐに)

西川秀智　著

文英堂

もくじ

第1章

書いて覚えよう。世界の国々の名前と位置！

1. アジアのおもな国々①　　　6
2. アジアのおもな国々②　　　8
3. オセアニアのおもな国々　　9
4. アフリカのおもな国々　　　10
   おさらいドリル　　　　　　11
5. ヨーロッパのおもな国々　　12
6. 南北アメリカのおもな国々　14
   おさらいドリル　　　　　　16
* クイズ・パズル　　　　　　17

第2章

世界の地形を知ろう！

1. 世界の大陸と海を覚えよう　　　20
2. 世界の高い山を覚えよう　　　　22
3. 世界の長い川を覚えよう　　　　24
4. 世界の大きい島と広い湖を覚えよう　26
5. 世界の砂漠と高原を覚えよう　　28
* クイズ・パズル　　　　　　　　30

＊参考　本文中の「m」は「メートル」，「km」は「キロメートル」，「km²」は「へいほうキロメートル」と読みます。また，「kg」は「キログラム」と読みます。

第3章

世界の国々をくわしく知ろう！

アジア

1. 日本のおとなりの国！　韓国　　　　　34
2. 世界一の人口の国！　中国　　　　　　35
3. 大ずもうの横綱が出た国！　モンゴル　36
4. 世界一の島国！　インドネシア　　　　37
5. 国旗の真ん中にあるのは？　カンボジア　38
6. ゴミのポイ捨てに罰金！　シンガポール　39
7. 仏教の国！　タイ　　　　　　　　　　40
8. フルーツの王国！　フィリピン　　　　41
9. お米が主食！　ベトナム　　　　　　　42
10. 名物は果物の王様ドリアン！　マレーシア　43
11. 国名が変わった国！　ミャンマー　　　44
12. ガンジス川の流れる国！　インド　　　45
13. インドの南にある紅茶の国！　スリランカ　46
14. ヒマラヤ山脈がある国！　ネパール　　47
15. 古代文明の栄えた国！　イラク　　　　48
16. 昔，ペルシャ！　今，イラン　　　　　49
17. 石油で豊かに！　クウェート　　　　　50
18. 聖地メッカ！　サウジアラビア　　　　51
19. アジアとヨーロッパを結ぶ国！　トルコ　52
20. 人がぷかぷかうく死海！　ヨルダン　　53

オセアニア

21. コアラとカンガルーの国！　オーストラリア　54
22. 世界一早い初日の出！　キリバス　　　55
23. 人よりも羊が多い？　ニュージーランド　56

アフリカ

- 24 代名詞はピラミッド！　エジプト……… 57
- 25 マラソンで金メダル！　エチオピア……… 58
- 26 カカオ豆の産地！　ガーナ……… 59
- 27 野生の王国！　ケニア……… 60
- 28 キリマンジャロの危機？　タンザニア……… 61
- 29 アフリカのはし！　南アフリカ……… 62

ヨーロッパ

- 30 大英帝国！　イギリス……… 63
- 31 花の都パリ！　フランス……… 64
- 32 鎖国のときにも交流が！　オランダ……… 65
- 33 芸術の国！　イタリア……… 66
- 34 オーストラリア？　いいえ，オーストリア……… 67
- 35 オリンピックの始まった国！　ギリシャ……… 68
- 36 永世中立国！　スイス……… 69
- 37 ザビエルの出身国！　スペイン……… 70
- 38 偉大な音楽家ベートーベン！　ドイツ……… 71
- 39 世界一小さい国！　バチカン市国……… 72
- 40 金平糖は何語？　ポルトガル……… 73
- 41 ノーベル賞はこの国で！　スウェーデン……… 74
- 42 アンデルセンの故郷！　デンマーク……… 75
- 43 真夜中でも明るい！　ノルウェー……… 76
- 44 サンタクロースの国！　フィンランド……… 77
- 45 世界一長いシベリア鉄道！　ロシア……… 78

南北アメリカ

- 46 宇宙を目指せ！　アメリカ……… 79
- 47 サトウカエデから何ができる？　カナダ……… 80
- 48 サボテンのしげる国！　メキシコ……… 81
- 49 広いぞラプラタ川！　アルゼンチン……… 82
- 50 ガラパゴス諸島！　エクアドル……… 83
- 51 イースター島のモアイ像！　チリ……… 84
- 52 太平洋と大西洋をつなぐ！　パナマ……… 85
- 53 アマゾン川の熱帯雨林！　ブラジル……… 86
- 54 世界最大の落差のたき！　ベネズエラ……… 87
- 55 ナスカの地上絵！　ペルー……… 88
- 56 ラパスの空港は世界一高い！　ボリビア……… 89
- ● クイズ・パズル……… 90

第4章

世界の国の面積，人口，文化を知ろう・覚えよう！

- 1 面積の大きい国と小さい国ベスト5 ……… 94
- 2 人口の多い国ベスト10 ……… 96
- 3 世界の特色のある住居を知ろう ……… 98
- 4 世界の特色のある衣服を知ろう ……… 100
- 5 世界のあいさつを知ろう ……… 102
- ● クイズ・パズル……… 104

第5章

世界の国々。クイズとパズル！

- ● バラバラになっている国は，何という国？ … 108
- ● 国の形を完成させよう！……… 109
- ● 何という国の名前かな？① ……… 110
- ● 何という国の名前かな？② ……… 111

＊この本では，世界の国々の名前や国旗は外務省ホームページの「各国・地域情勢」，面積・人口は『世界国勢図会 2011/12』（矢野恒太記念会），山の高さ，川の長さ，湖・砂漠の面積は『理科年表 平成24年』（丸善出版）などを参考にしています。

世界の国の名前，どれだけ知っているかな？！
名前や場所がわかるかな？！

> この本で勉強する時には，学校で配られた地図帳をいつもそばに置いてください。これは忘れないようにしましょう。

知っているとおもしろい！！

　2012年7〜8月にイギリスのロンドンでオリンピックが開かれました。このオリンピックには200以上の国や地域が参加しました。「この選手は，何という国の選手かな？」「この国は，どこにあるのだろう？」など知らないことが多かったのではないでしょうか。世界には200に近い国があります。その中で，小学5年生や6年生，さらに中学生になって世界のことを勉強するときに，知っていると役に立つ国をこの本では紹介しています。世界の国々の名前や位置，国のようすを知っていると，サッカーのワールドカップや次に開かれるオリンピック，テレビや新聞のニュースに出てくる国を，もっと身近に感じられるようになるでしょう。

クイズ・パズルで楽しく覚える世界の国々！！

　この本では，それぞれの国に関して，名前や位置のほかに，国のようすをクイズ・パズルや国旗，キーワードなどで簡単に紹介しています。クイズ・パズルは簡単にわかるものから，少し頭をひねるものまでたくさん入っていますが，正解がわからなくても遊びのつもりで考えて答え，楽しみながら世界の国々を知ってください。中学受験の準備にも最適です。

書いて覚えよう。
世界の国々の名前と位置！

 アジアのおもな国々 ①

各国の国名を書いて覚えましょう。
上の段は，なぞり書き用です。

⑪ 首都：ネーピードー
ミャンマー

⑦ 首都：バンコク
タイ

⑭ 首都：カトマンズ
ネパール

⑫ 首都：デリー
インド

⑬ 首都：スリジャヤワルダナプラコッテ
スリランカ

⑩ 首都：クアラルンプール
マレーシア

⑥ 首都：シンガポール
シンガポール

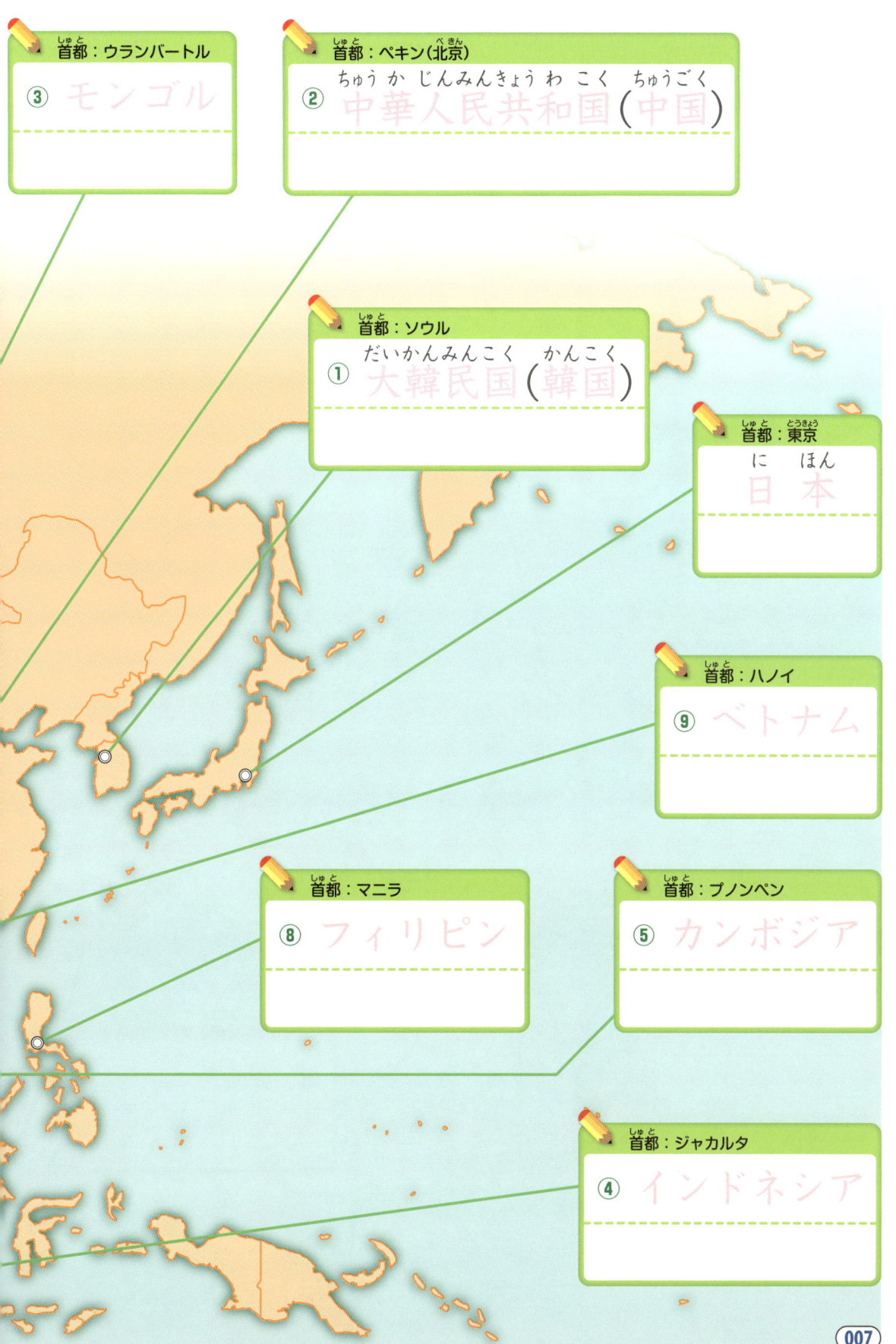

2 アジアのおもな国々 ②

各国の国名を書いて覚えましょう。
上の段は、なぞり書き用です。

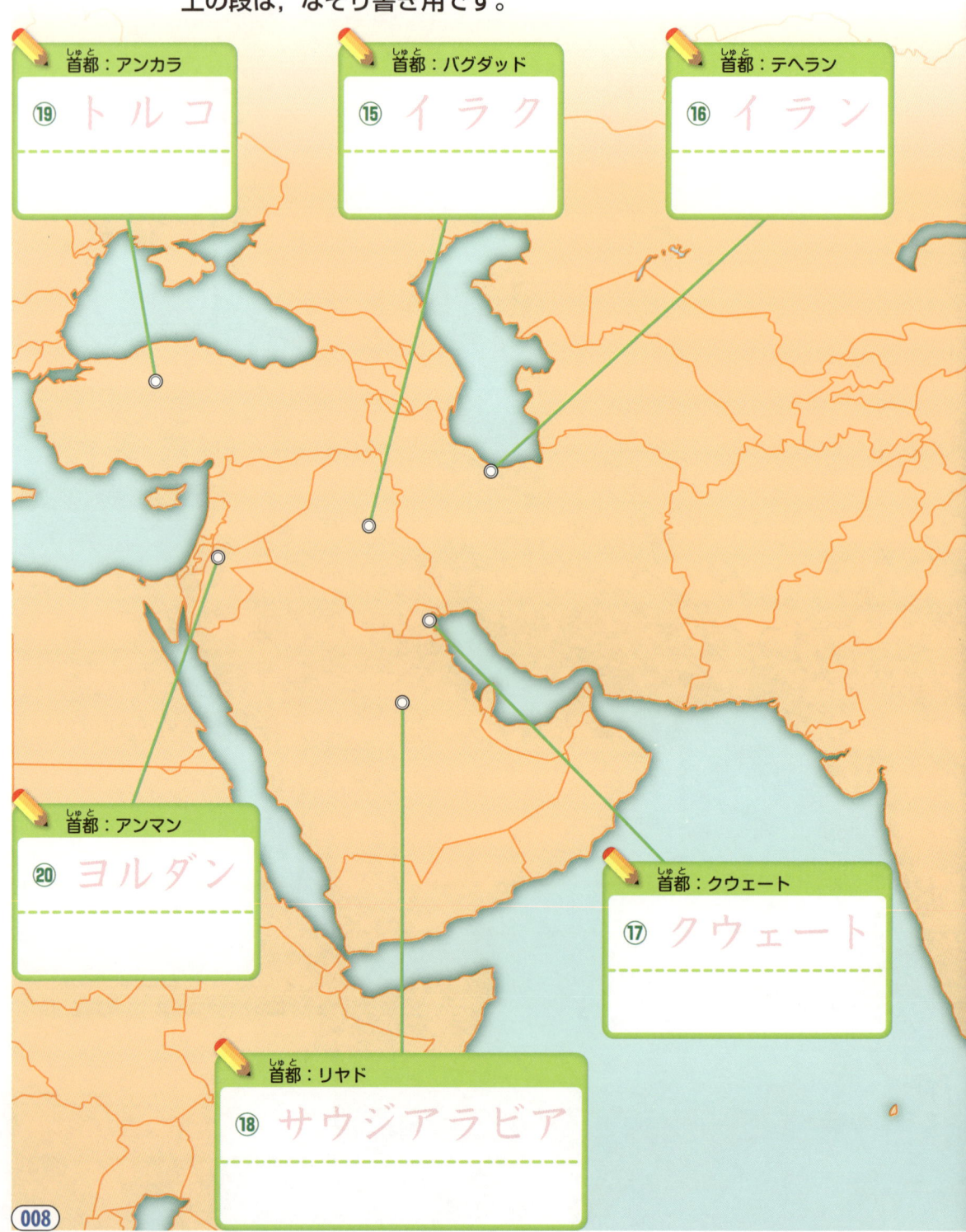

首都：アンカラ
⑲ トルコ

首都：バグダッド
⑮ イラク

首都：テヘラン
⑯ イラン

首都：アンマン
⑳ ヨルダン

首都：クウェート
⑰ クウェート

首都：リヤド
⑱ サウジアラビア

3 オセアニアのおもな国々

✏️ 各国の国名を書いて覚えましょう。
上の段は、なぞり書き用です。

首都：タラワ
㉒ キリバス

首都：キャンベラ
㉑ オーストラリア

首都：ウェリントン
㉓ ニュージーランド

4 アフリカのおもな国々

各国の国名を書いて覚えましょう。
上の段は、なぞり書き用です。

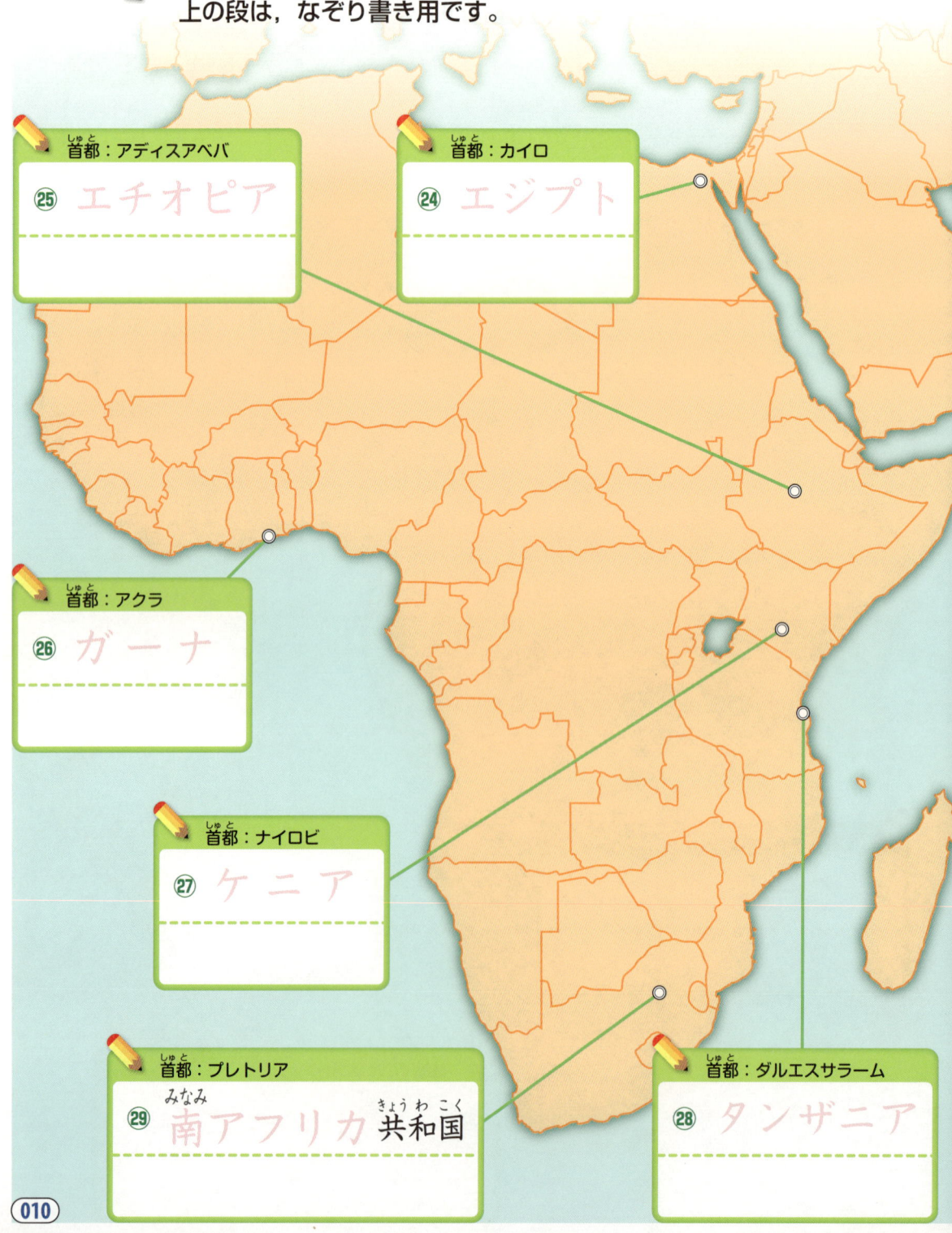

首都：アディスアベバ
㉕ エチオピア

首都：カイロ
㉔ エジプト

首都：アクラ
㉖ ガーナ

首都：ナイロビ
㉗ ケニア

首都：プレトリア
㉙ 南アフリカ共和国

首都：ダルエスサラーム
㉘ タンザニア

おさらいドリル

第1章 書いて覚えよう。世界の国々の名前と位置！
- ①〜㉙までの国の名前を答えよう。
- 6〜10ページの地図を見ながら答えてもいいよ。

①	②	③
④	⑤	⑥
⑦	⑧	⑨
⑩	⑪	⑫
⑬	⑭	⑮
⑯	⑰	⑱
⑲	⑳	㉑
㉒	㉓	㉔
㉕	㉖	㉗
㉘	㉙	

→ 答えは6〜10ページで確認しよう。

5 ヨーロッパのおもな国々

各国の国名を書いて覚えましょう。
上の段は、なぞり書き用です。

首都：アムステルダム
㉜ オランダ

首都：ベルリン
㊳ ドイツ

首都：オスロ
㊸ ノルウェー

首都：ロンドン
㉚ イギリス

首都：パリ
㉛ フランス

首都：ベルン
㊱ スイス

首都：リスボン
㊵ ポルトガル

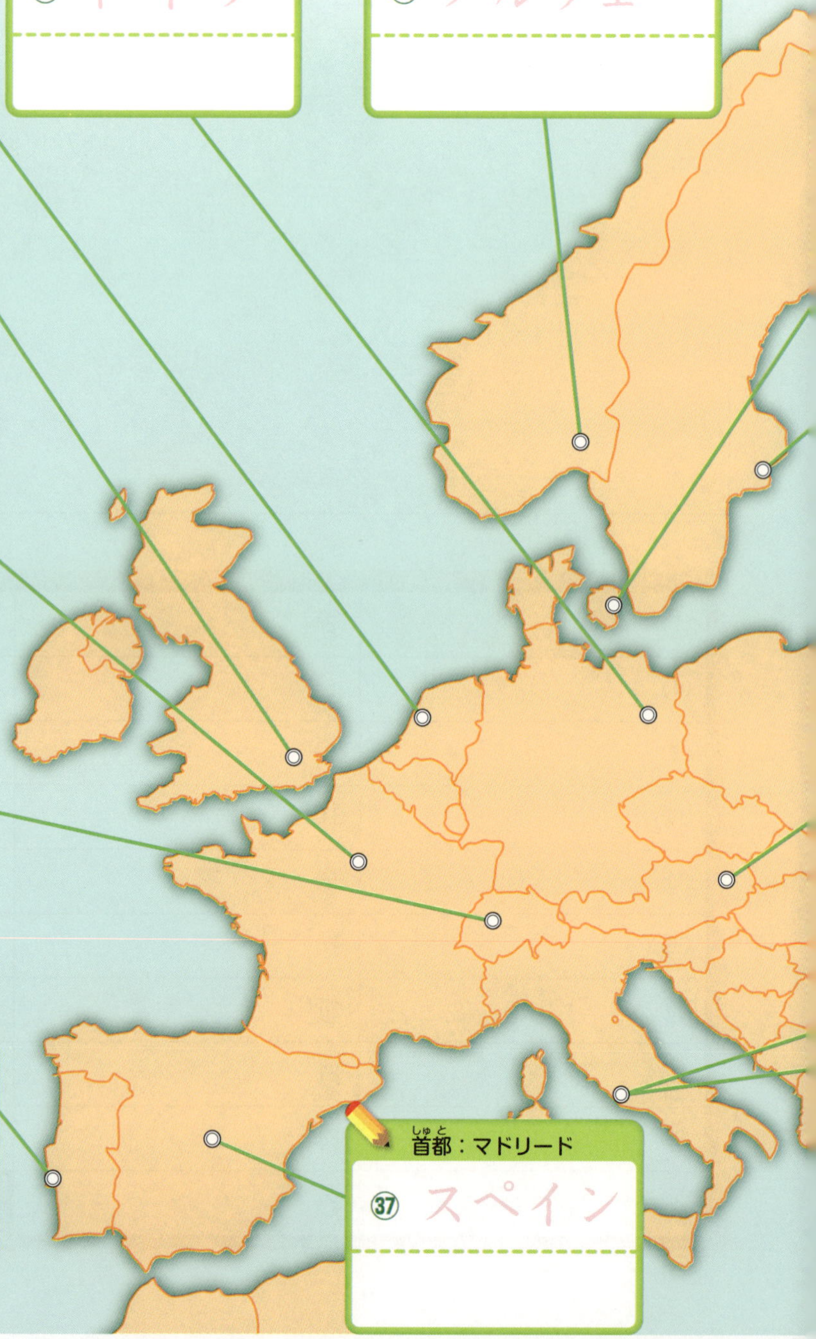

首都：マドリード
㊲ スペイン

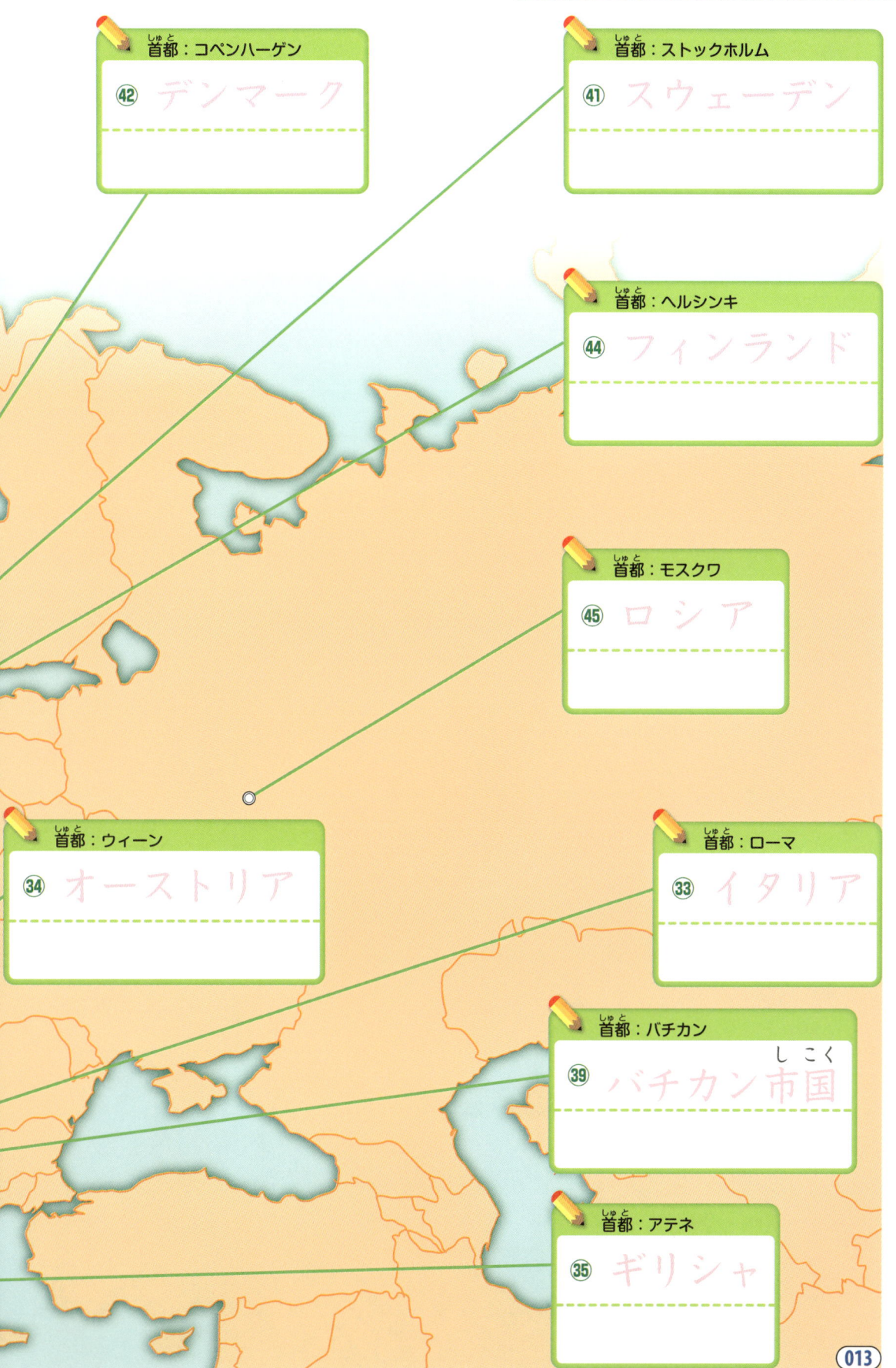

第1章 書いて覚えよう。世界の国々の名前と位置！

6 南北アメリカのおもな国々

✏️ 各国の国名を書いて覚えましょう。
上の段は，なぞり書き用です。

首都：オタワ
㊼ カナダ

首都：ワシントンD.C.
㊻ アメリカ合衆国

首都：メキシコシティ
㊽ メキシコ

第1章　書いて覚えよう。世界の国々の名前と位置！

おさらいドリル

●①〜㉗までの国の名前を答えよう。
●12〜15ページの地図を見ながら答えてもいいよ。

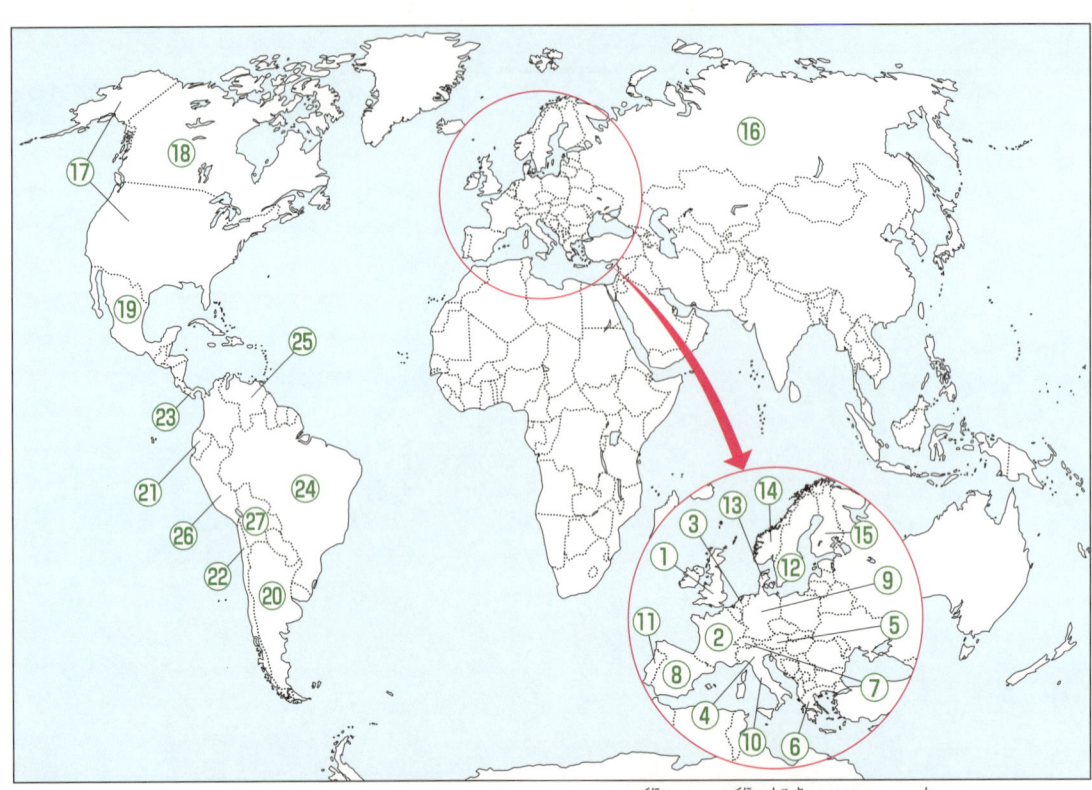

＊⑩の国は，④の国の首都であるローマ市のなかにあります。

①	②	③
④	⑤	⑥
⑦	⑧	⑨
⑩	⑪	⑫
⑬	⑭	⑮
⑯	⑰	⑱
⑲	⑳	㉑
㉒	㉓	㉔
㉕	㉖	㉗

➡ 答えは12〜15ページで確認しよう。

書けるかな？ 世界の国々の名前

→ ○の中に文字を書き入れて，国の名前を完成させましょう。

① ☐ ☐ ゴ ☐ 　ヒント 南北を中国とロシアにはさまれているアジアの国です。

② イ ン ☐ ☐ シ ア 　ヒント 首都をジャカルタとするアジアの国です。

③ ト ☐ ☐ 　ヒント 首都をアンカラとするアジアとヨーロッパの境にある国です。

④ オ ー ☐ ☐ ☐ リ ア 　ヒント 首都をキャンベラとする南半球にある国です。

⑤ ガ ☐ ☐ 　ヒント 首都をアクラとするアフリカの国です。

⑥ ☐ ギ ☐ ス 　ヒント 2012年にオリンピックが開かれたヨーロッパの国です。

⑦ オ ☐ ス ト リ ☐ 　ヒント 首都をウィーンとするヨーロッパの国です。

⑧ ☐ ナ ☐ 　ヒント 首都をオタワとする北アメリカの国です。

⑨ ☐ ル ☐ 　ヒント 首都をリマとする南アメリカの国です。

⑩ ☐ ク ☐ ド ル 　ヒント 首都をキトとする南アメリカの国です。

答え ①モンゴル ②インドネシア ③トルコ ④オーストラリア ⑤ガーナ ⑥イギリス ⑦オーストリア ⑧カナダ ⑨ペルー ⑩エクアドル

第1章　書いて覚えよう。世界の国々の名前と位置！

かくれている国はどこ？

→ 下のマスには，50音のカタカナがバラバラに書いてあります。しかし，よく見れば4つの国の名前（カタカナ部分）がかくれています。何という国がかくれていますか。縦に読むか，横に読むかすると国の名前がわかります。ななめには読みません。（＊50音といっても，同じ文字もあるので46文字になります。）

　首都をバンコクとするアジアの国と，首都をアンカラ，モスクワとするヨーロッパからアジアにまたがる2か国，首都をサンティアゴとする南アメリカの国がかくれています。

ヲ	ウ	ヨ	ク	ホ	ラ	
キ	レ	ツ	ヌ	ノ	ニ	ユ
ソ	タ	イ	サ	マ	ハ	カ
モ	ロ	テ	メ	ト	ナ	ス
ム	シ	ネ	ヒ	ル	ヤ	フ
セ	ア	チ	ワ	コ	ン	エ
	ミ	リ	ケ	オ	ヘ	

(　　　　)(　　　　)
(　　　　)(　　　　)

答え　タイ，トルコ，ロシア，チリ

第2章

世界の地形を知ろう！

第2章 世界の地形を知ろう！

1 世界の大陸と海を覚えよう

①〜⑥に大陸の名前を，⑦〜⑨に海の名前を書きましょう。
上の段は，なぞり書き用です。

① ユーラシア大陸
いちばん広い大陸です。
▸ アジアとヨーロッパにまたがっています。

② アフリカ大陸
2番目に広い大陸です。
▸ 大陸の中央を赤道が通っています。

⑨ インド洋
三大洋中いちばん小さい海です。
▸ インド半島の周辺とその南の海です。

⑥ 南極大陸
いちばん南にある大陸です。
▸ ほとんどが氷でおおわれています。

⑤ オーストラリア大陸
いちばん小さい大陸です。
▸ すべてがオーストラリアの領土です。

2 世界の高い山を覚えよう

①〜⑤に世界の山の名前を書きましょう。
上の段は、なぞり書き用です。

高さ 4808m
モンブラン
▶ フランスとイタリアにまたがる、西ヨーロッパでいちばん高い山です。

2位
高さ 8611m
② ケーツー
K2
▶ カラコルム山脈の山。ゴッドウィン-オースティンともいいます。パキスタンと中国にまたがっています。

高さ 5642m
エルブルース
▶ ロシアにあって、ヨーロッパ大陸でいちばん高い山です。

5位
高さ 8463m
⑤ マカルー
▶ ヒマラヤ山脈の山。中国とネパールにまたがっています。

高さ 5895m
キリマンジャロ
▶ タンザニアにあって、アフリカ大陸でいちばん高い山です。

高さ 2230m
コジアスコ
▶ オーストラリア大陸でいちばん高い山です。

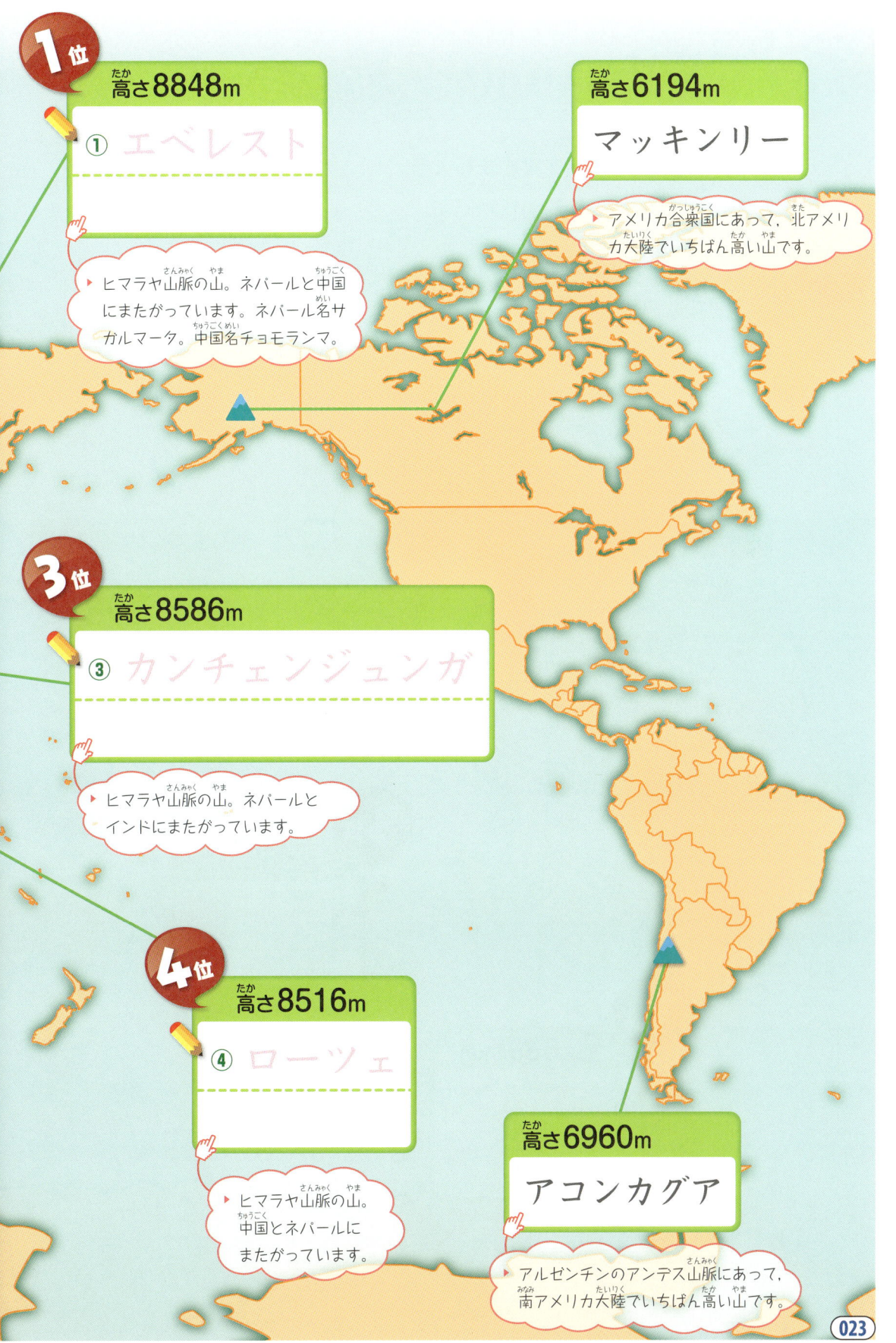

3 世界の長い川を覚えよう

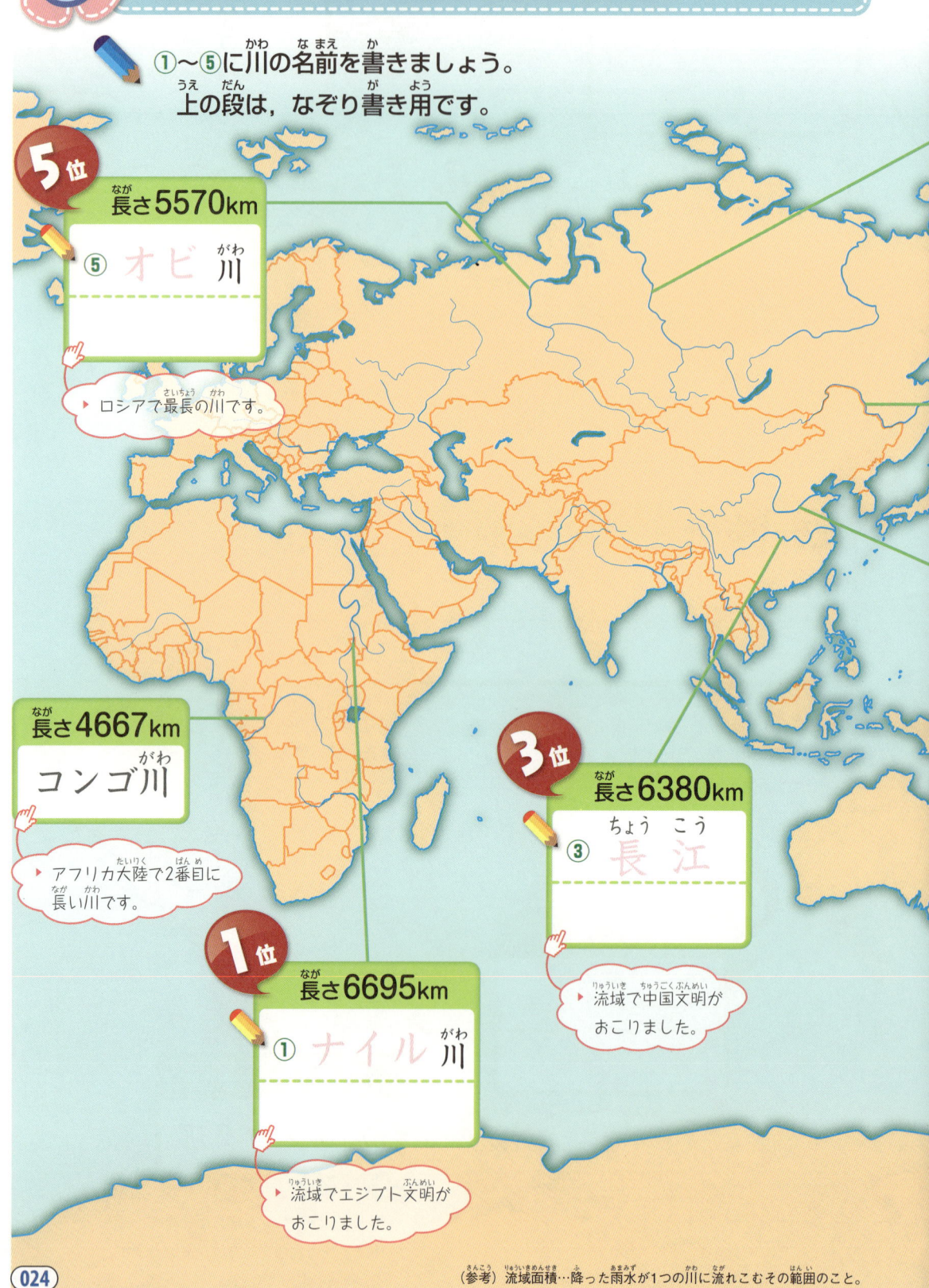

①〜⑤に川の名前を書きましょう。
上の段は、なぞり書き用です。

5位 長さ5570km
⑤ オビ川

▶ロシアで最長の川です。

長さ4667km
コンゴ川

▶アフリカ大陸で2番目に長い川です。

3位 長さ6380km
③ 長江

▶流域で中国文明がおこりました。

1位 長さ6695km
① ナイル川

▶流域でエジプト文明がおこりました。

（参考）流域面積…降った雨水が1つの川に流れこむその範囲のこと。

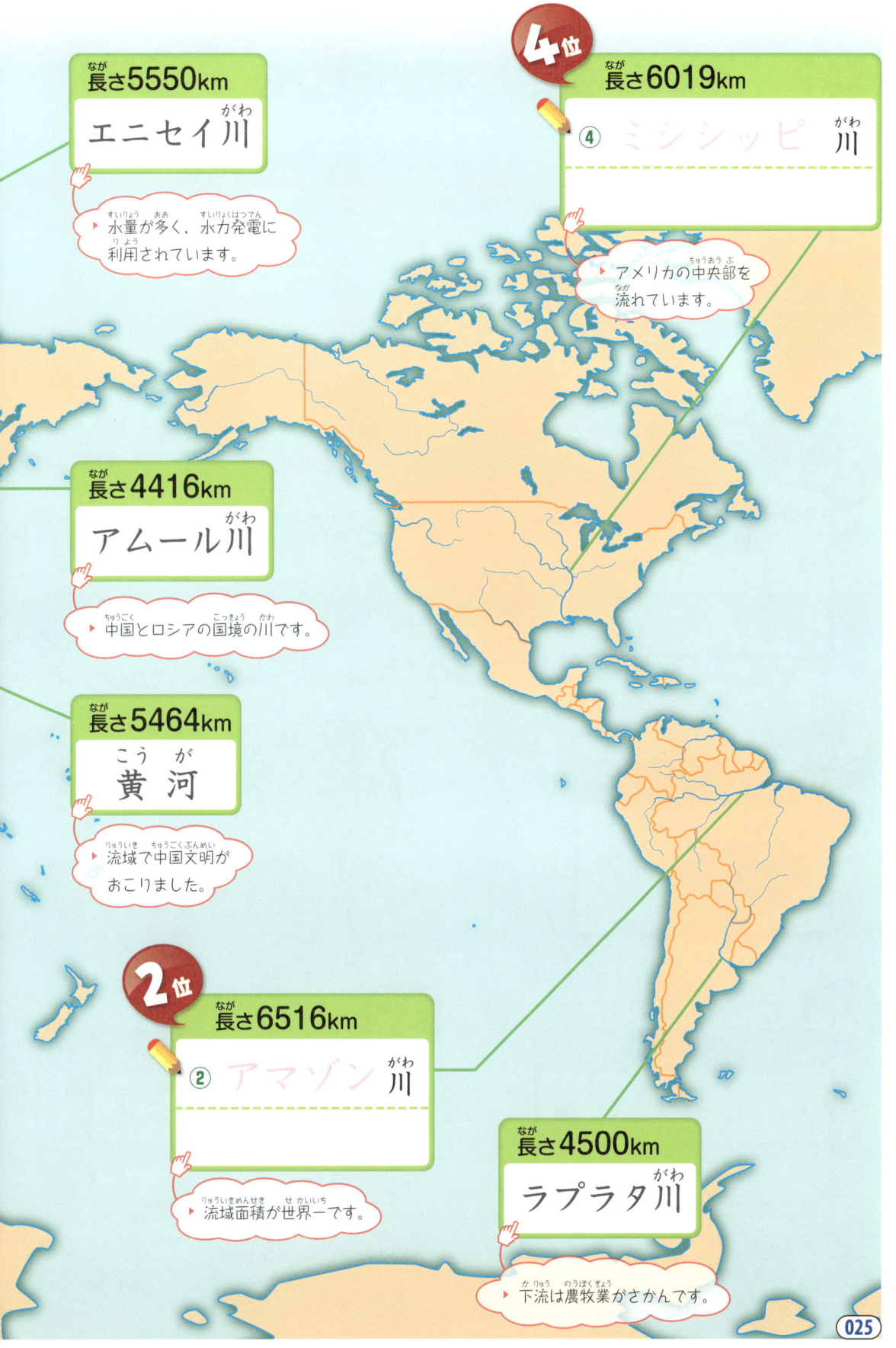

4 世界の大きい島と広い湖を覚えよう

①〜⑤に島の名前を，⑥〜⑩に湖の名前を書きましょう。
上の段は，なぞり書き用です。

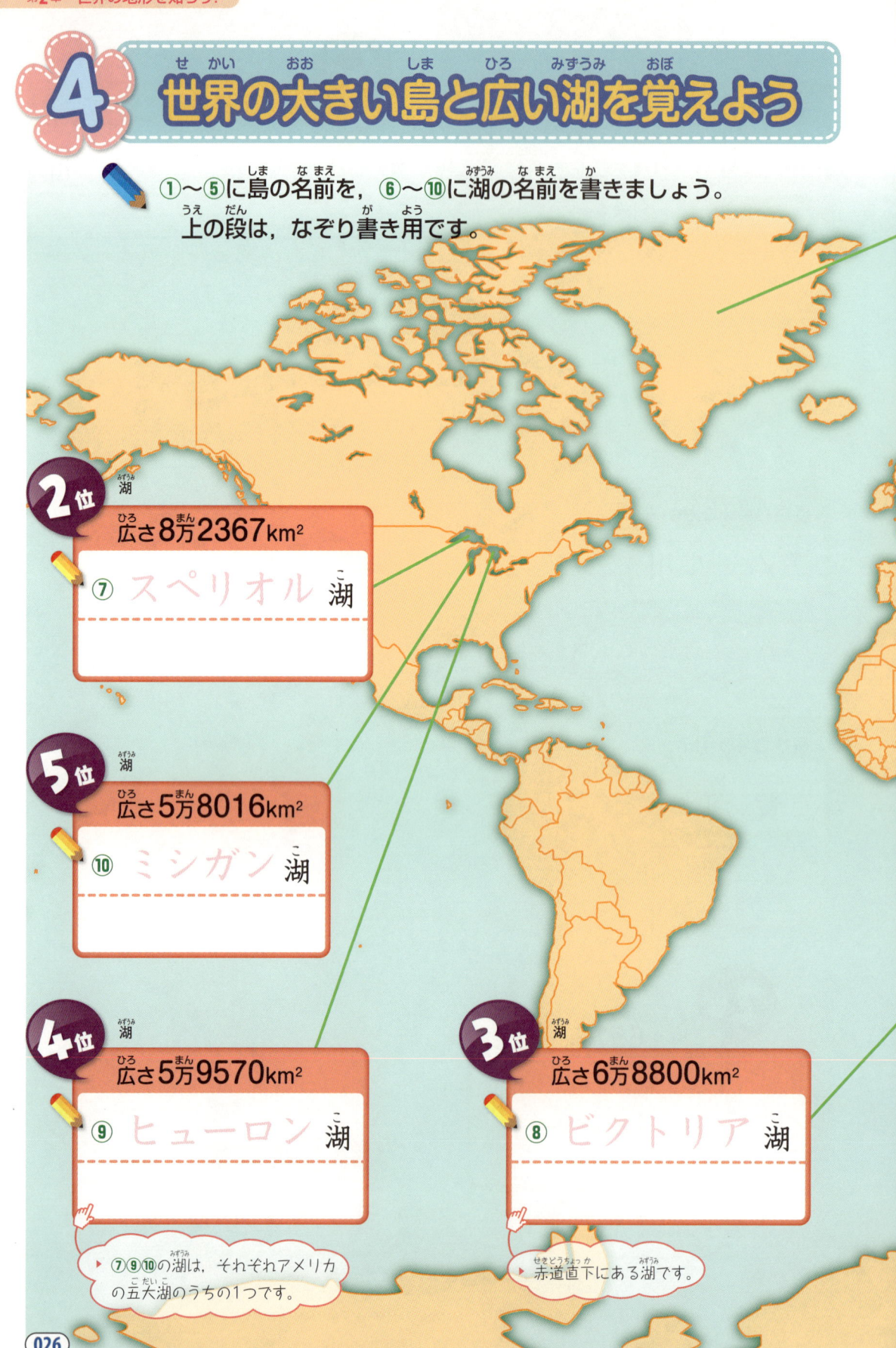

2位 湖
広さ8万2367km²
⑦ スペリオル 湖

5位 湖
広さ5万8016km²
⑩ ミシガン 湖

4位 湖
広さ5万9570km²
⑨ ヒューロン 湖

3位 湖
広さ6万8800km²
⑧ ビクトリア 湖

▶ ⑦⑨⑩の湖は，それぞれアメリカの五大湖のうちの1つです。

▶ 赤道直下にある湖です。

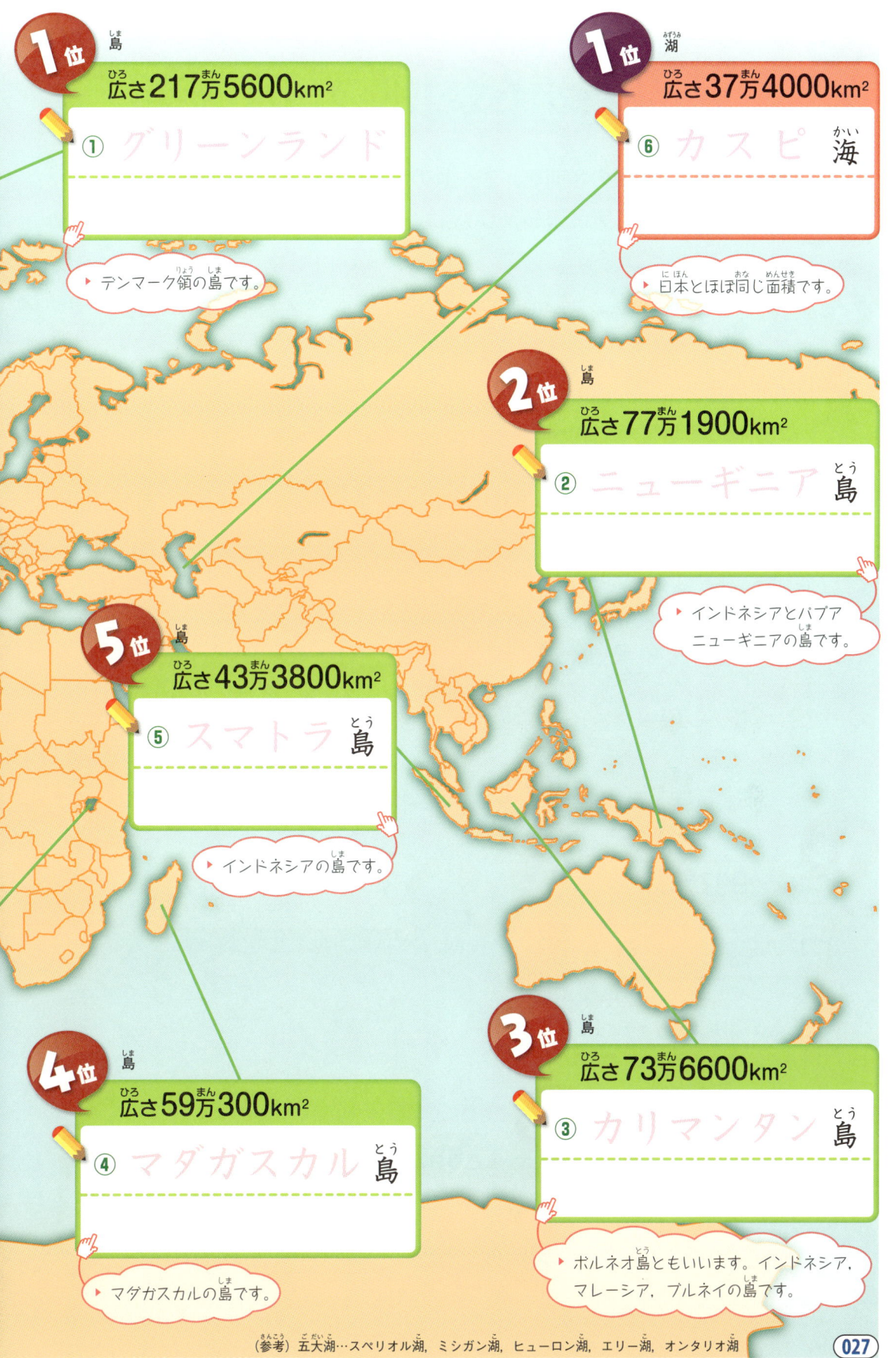

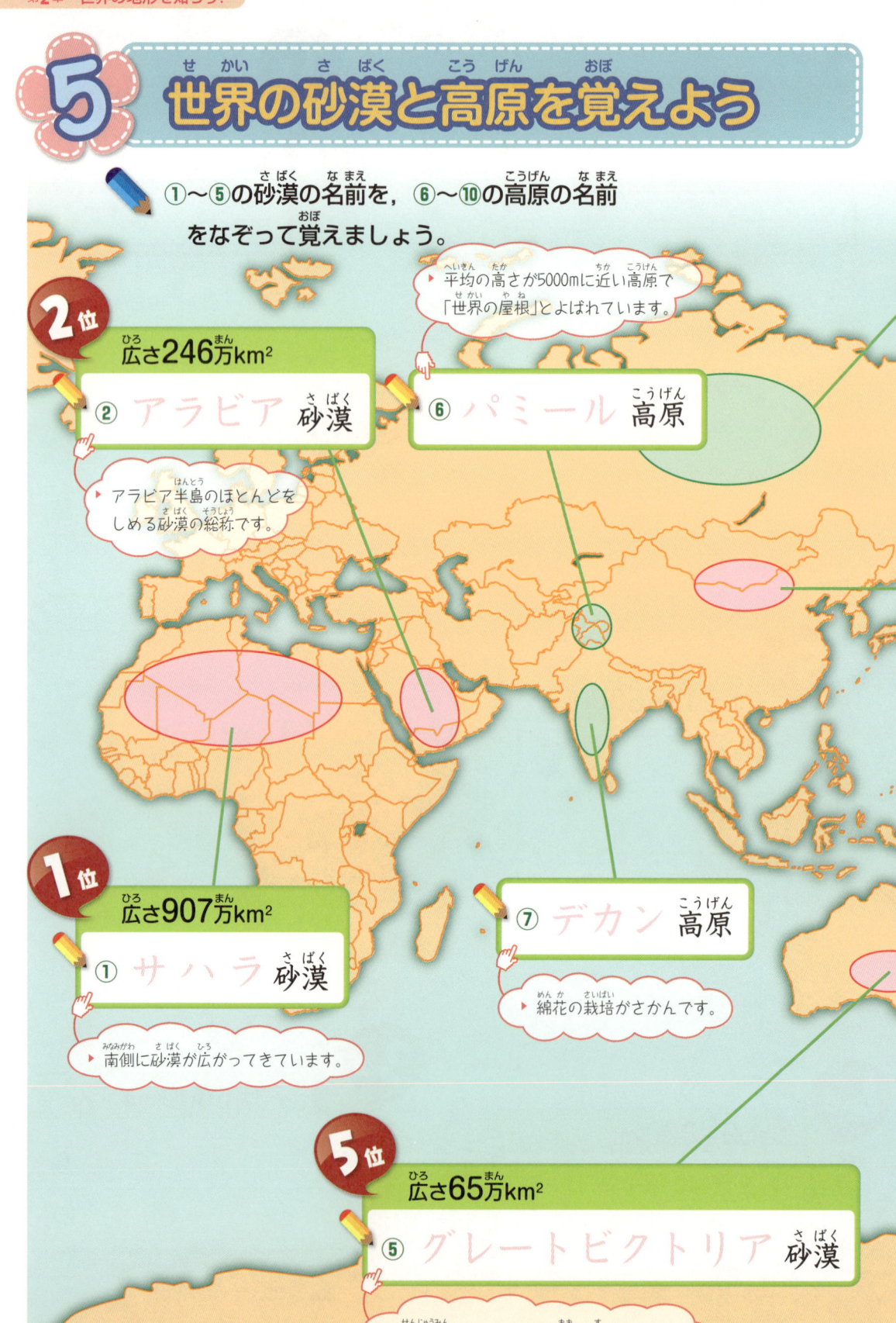

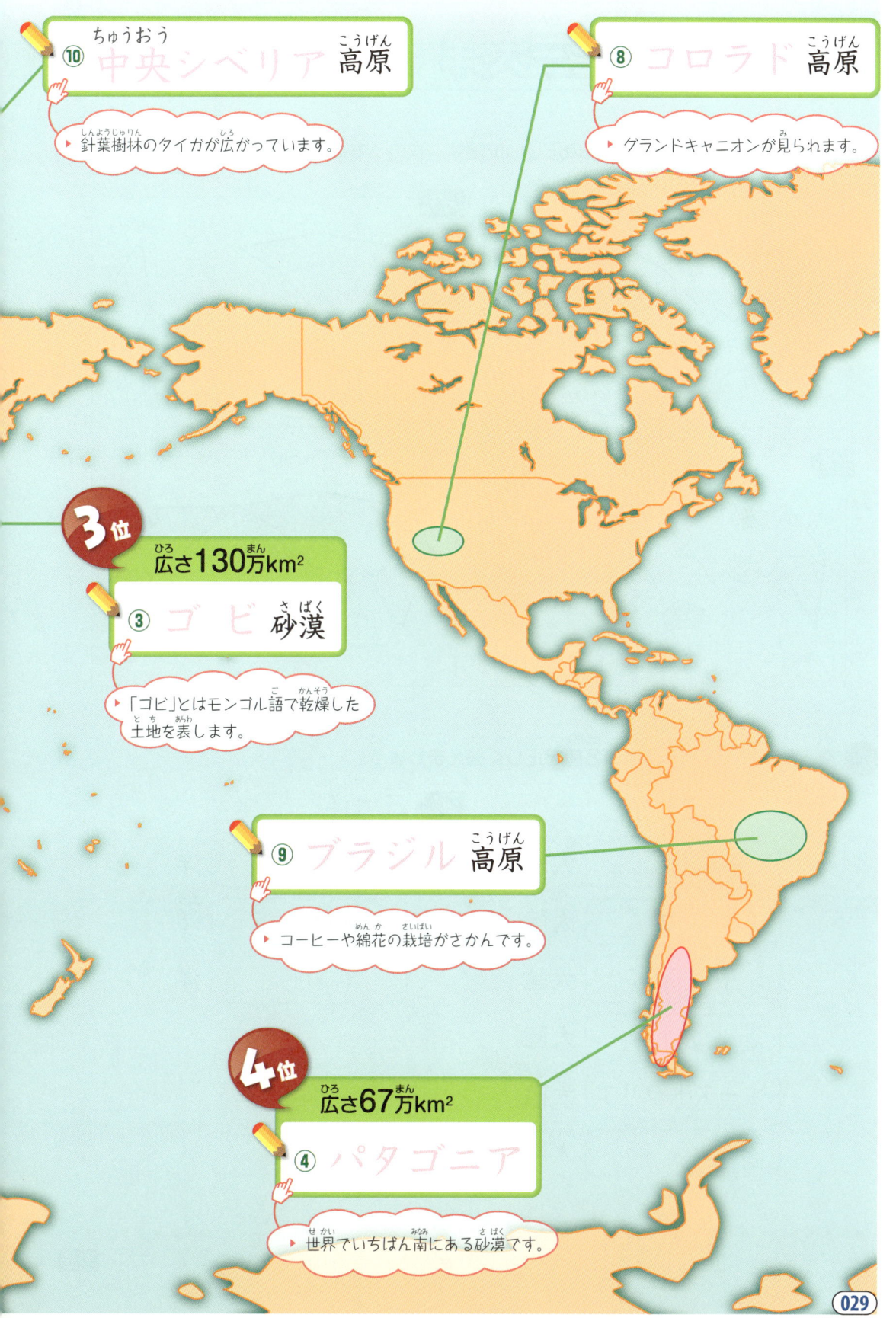

クイズ・パズル！

六大陸と三大洋

① 南極大陸をのぞく世界の大陸の正しい位置は，次のうちのどれですか。　答え [　　　]

ア

イ

ウ

エ

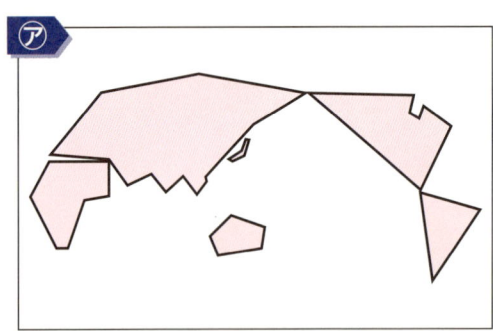

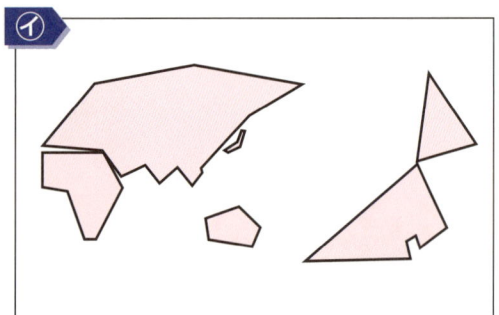

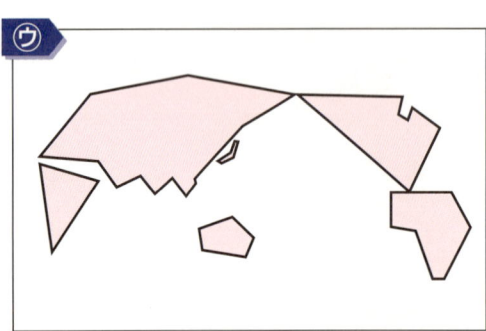

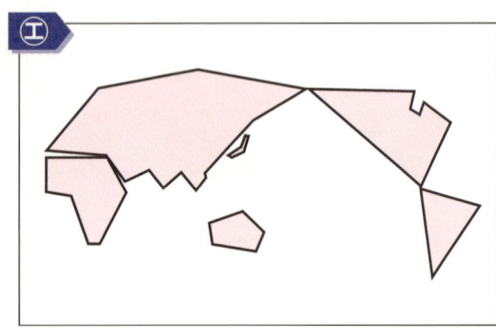

② 空らんに六大陸と三大洋の名前を正しく答えましょう。

ア 六大陸

- [　　　　　　] 大陸
- [アフリカ] 大陸
- [北アメリカ] 大陸
- [南アメリカ] 大陸
- [オーストラリア] 大陸
- [南極] 大陸

イ 三大洋

- [　　　　　　] 洋
- [大西] 洋
- [インド] 洋

答え　①エ　②アユーラシア（大陸）　イ太平（洋）

第2章 世界の地形を知ろう！

世界の島・川・山・砂漠・湖

→ 「ヒント」を参考に文字を選んだあと，正しく並べかえて，答えを見つけましょう。

① 何という島ですか？  「やきとり」を食べながら考えよう。

| リ | グ | ヤ | ン | キ | ン | ヤ | ラ | ー | ド |

② 何という川ですか？ 「ふちどり」をしながら考えよう。

| フ | ア | ン | フ | ゾ | チ | チ | マ | チ | フ |　川

③ 何という山ですか？ 「ちりとり」でそうじをしながら考えよう。

| コ | チ | ア | グ | リ | ア | リ | ン | カ | チ |　山

④ 何という砂漠ですか？ 「あやとり」をしながら考えよう。

| マ | ヤ | ラ | カ | ア | ク | ン | ア | タ | ヤ |　砂漠

⑤ 何という湖ですか？ 本の「タイトル」を読みながら考えよう。

| イ | ペ | タ | ス | イ | リ | イ | オ | タ | ル |　湖

答え ①グリーンランド ②アマゾン（川） ③アコンカグア（山） ④サハラ（砂漠） ⑤バイカル（湖）

031

クイズ・パズル!

世界の砂漠・山脈・高原・島・海

① モンゴルと中国にまたがる砂漠の名前は何といいますか。次の３つから選びなさい。

ア ゴマ　イ ゴミ　ウ ゴビ

答え

② エベレストのある山脈の名前は何といいますか。次の３つから選びなさい。

ア ヒマラヤ　イ ヒヤマラ　ウ ヒマヤラ

答え

③ インドの中央にある高原の名前は何といいますか。次の３つから選びなさい。

ア ヤカン　イ ミカン　ウ デカン

答え

④ ボルネオ(島)とも呼ばれる島は何といいますか。次の３つから選びなさい。

ア スマトラ　イ カリマンタン　ウ ジャワ

答え

⑤ 世界で２番目に広い海は何といいますか。次の３つから選びなさい。

ア 太平洋　イ インド洋　ウ 大西洋

答え

答え ①ウ ②ア ③ウ ④イ ⑤ウ

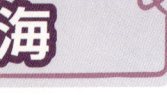

世界の国々を
くわしく知ろう！

第3章 世界の国々をくわしく知ろう！

1 アジア 日本のおとなりの国！ 韓国

韓国は，日本のおとなりの国です。韓国を通じてさまざまな大陸の文化が日本に伝わりました。昔から日本と関係が深い国なのです。最近は，韓流ブームも起きましたね。さて，世界の国には，それぞれ自分の国の言葉があります。日本で昼にあいさつするときには「こんにちは」といいます。英語を使うアメリカやイギリスでは「ハロゥ」，ドイツ語を使う国では「グーテンターク」，フランス語を使う国では「ボンジュール」といいます。では，韓国では，昼のあいさつは何というでしょうか？　次の3つから選びなさい。

- ア ニーハオ
- イ ナマステー
- ウ アンニョンハセヨ

国のようすを知ろう

- **国名** 大韓民国（韓国）
- **首都** ソウル
- **面積** 約10.0万km²（日本の約0.3倍）
- **人口** 約4818万人

国旗を知ろう

国旗の意味 中央の円は陰（青）と陽（赤）からなる宇宙の調和を意味し，四すみにあるのは易の卦で，民族和合・国家発展を表しているといわれます。

色をぬって，位置をたしかめよう

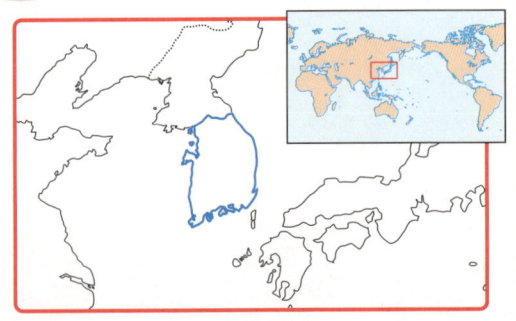

有名なこと・もの，キーワード

- **チマ・チョゴリ**

チマ・チョゴリは，韓国の女性が着る伝統的な民族衣装です。チマは巻きスカートのことで，チョゴリは上着を指します。チョゴリは男女共通です。

答え　ウ（ア「中国語」，イ「インドのあいさつ」，「こんにちは」のいみ）

2 世界一の人口の国！ 中国 〔アジア〕

中国は，世界一人口の多い国として知られています。最近は，工業が急速に発展し，日本最大の貿易相手国になっています。日本と昔から関係の深い国で，漢字や仏教などが中国から伝えられました。古くから文化の栄えてきた中国に，日本から使者を送るなどして，日本は中国の文化を学んできました。さて，そんな中国にはさまざまな世界遺産がありますが，その中に，長さが2万km以上（中国政府の発表による）におよぶ，世界で最も長い建造物があります。その建造物とは何でしょうか？ 次の3つから選びなさい。

- ⑦ 万里の長城
- ⑦ 東大寺の大仏
- ⑦ クフ王のピラミッド

国のようすを知ろう

- **国名** 中華人民共和国（中国）
- **首都** ペキン（北京）
- **面積** 約959.7万km²（日本の約25倍）
- **人口** 約13億4134万人

国旗を知ろう

国旗の意味「五星紅旗」ともいわれ，赤は共産主義の色で，大きな星は中国共産党を，小さな4つの星は労働者・農民・知識階級・愛国的資本家を表します。

色をぬって，位置をたしかめよう

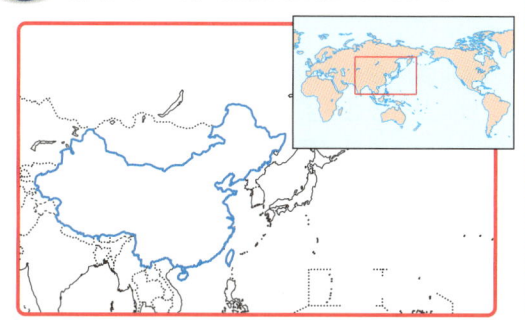

有名なこと・もの，キーワード

● **パンダ**
パンダは中国語で「大熊猫（ターシュンマオ）」。黒い耳に白い顔，目の周りを囲む黒い体毛が特徴です。パンダは中国の山岳地帯の竹林に生息していますが，開発などによって数が減少しているため，現在は保護政策がとられています。かわいらしいパンダは，中国と他の国との親交を結ぶ活躍もしています。

答え ⑦ ②（日本は，アジアの東端）

第3章 世界の国々をくわしく知ろう！

３ アジア 大ずもうの横綱が出た国！ モンゴル

　モンゴルは南北を中国とロシアにはさまれた，陸の中にある国です。豊かな自然が残っていて，遊牧がさかんです。現在も牧畜業が主な産業となっていますが，豊かな鉱産資源をいかした鉱工業もさかんになってきています。さて，モンゴルには，日本のすもうとよく似た「ブフ」という伝統的な格闘技があります。「モンゴルずもう」とも呼ばれているものです。近年，横綱の白鵬をはじめとして，大ずもうでモンゴル出身の力士が活躍していて，注目が集まっています。では，モンゴル出身の力士にはだれがいるでしょうか？　次の３つから選びなさい。

- ㋐ 琴欧洲
- ㋑ 日馬富士
- ㋒ 把瑠都

国のようすを知ろう
- 国名　モンゴル国
- 首都　ウランバートル
- 面積　約156.4万km²（日本の約4.1倍）
- 人口　約276万人

国旗を知ろう
国旗の意味　赤は正義を，青は空を表しています。左の紋章はソヨンボ（蓮台）で，モンゴルの古いシンボルです。繁栄・自由・団結などを意味します。

色をぬって，位置をたしかめよう

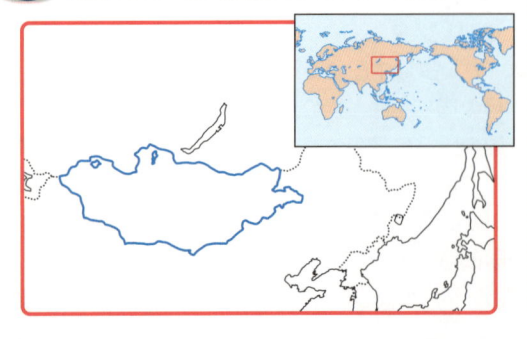

有名なこと・もの，キーワード
● ゲル
ゲルは，住む場所を移動しながら牧畜を営むモンゴルの遊牧民が暮らす移動式の住居です。寒さをしのいだり，暑さをやわらげたりするような工夫がされています。 

答え ㋑（㋐はブルガリア，㋒はエストニア出身の力士）

4 世界一の島国！ インドネシア（アジア）

日本は島国で，北海道・本州・四国・九州の4つの大きな島を中心に，およそ7000の島々から成り立っています。ところが，世界にはもっとたくさんの島々で構成されている国があります。それがインドネシアです。インドネシアには，ニューギニア島(世界第2位の面積)の西半分，カリマンタン島(世界第3位の面積)，スマトラ島(世界第6位の面積)，スラウェシ島(世界第11位の面積)，ジャワ島(世界第13位の面積)などの大きな島々があります。では，この島々をふくめておよそいくつの島があるのでしょうか？ 次の3つから選びなさい。

- ㋐ 約10000
- ㋑ 約18000
- ㋒ 約30000

国のようすを知ろう

- **国名** インドネシア共和国
- **首都** ジャカルタ
- **面積** 約191.1万km²(日本の約5.1倍)
- **人口** 約2億3987万人

国旗を知ろう

国旗の意味 古くは，赤が太陽，白が月を表すといわれていました。今では，赤が自由と勇気を，白が正義と純潔を示しています。

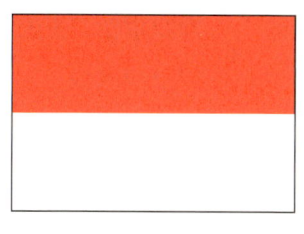

色をぬって，位置をたしかめよう

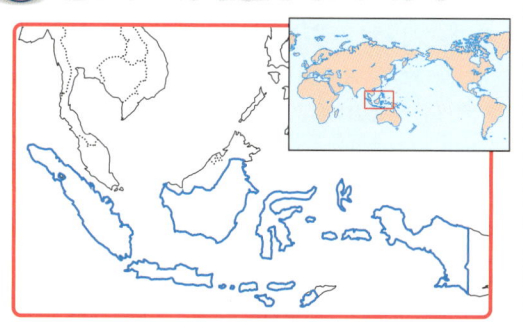

有名なこと・もの，キーワード

- **コモドオオトカゲ**
  コモドオオトカゲは，全長約2～3m，体重約70kgもある，インドネシア固有の世界最大のトカゲです。木の上で生活し，他の動物をとらえて食べます。

第3章 世界の国々をくわしく知ろう！

5 アジア 国旗の真ん中にあるのは？ カンボジア

　カンボジアの国旗の真ん中には，この国の象徴で，世界遺産にも登録されているアンコール・ワットがえがかれています。これは，9〜15世紀にかけて栄えたクメール人のアンコール王朝の遺跡で，内戦でこわされてしまったため，現在，修復が進められています。さて，アンコール・ワットはどれでしょうか？　次の3つから選びなさい。

ア　　　イ　　　ウ

💡 国のようすを知ろう

- **国名** カンボジア王国
- **首都** プノンペン
- **面積** 約18.1万km²（日本の約0.5倍）
- **人口** 約1414万人

🚩 国旗を知ろう

国旗の意味 青が王権を，赤が国家（または忠誠心）を表しています。中央にあるのが国の象徴であるアンコール・ワットの遺跡です。

🧭 色をぬって，位置をたしかめよう

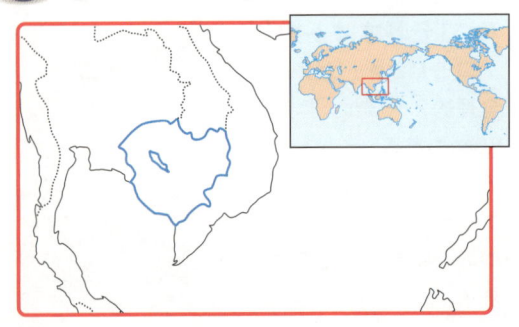

📖 有名なこと・もの，キーワード

● **トンレサップ湖**
　カンボジアの中央にあるトンレサップ湖は，東南アジア最大の湖です。多くの魚がとれる湖は，カンボジアの人々の食を支えているといえます。中には体重が100kgもあるナマズも生息しているそうです。また，トンレサップ湖ではたくさんの人が水上で暮らしています。

答え　(ｱ)はインドのタージ・マハル，(ｲ)はフランスのベルサイユ宮殿，(ｳ)がアンコール・ワットの遺跡です。

第3章 世界の国々をくわしく知ろう！

6 アジア ゴミのポイ捨てに罰金！ シンガポール

　国名の「シンガポール」は，「ライオンの町」という意味です。古くから貿易で栄え，現在は，商工業の国際競争力が非常に強い国に成長しています。また，シンガポールは，世界中からたくさんの観光客がおとずれるとてもきれいな国で，国をきれいに保つために，厳しい罰金の制度があります。たとえば，道でゴミを捨てれば日本円で約6万円，落書きをすれば約12万円の罰金が科せられてしまうということです。それでは，シンガポールに許可なしに持ちこむと罰金をはらわなければならないものは何でしょうか？　次の3つから選びなさい。

> ㋐ チューインガム　　㋑ クッキー　　㋒ チョコレート

国のようすを知ろう
- **国名** シンガポール共和国
- **首都** なし
- **面積** 約710km²（日本の琵琶湖とほぼ同じ）
- **人口** 約509万人

国旗を知ろう
国旗の意味 赤は平等を，白は純粋性を，5つの星は自由・平和・進歩・平等・公正を，三日月は5つの星が理想に向かって進むことを表しています。

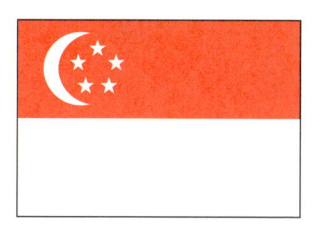

色をぬって，位置をたしかめよう

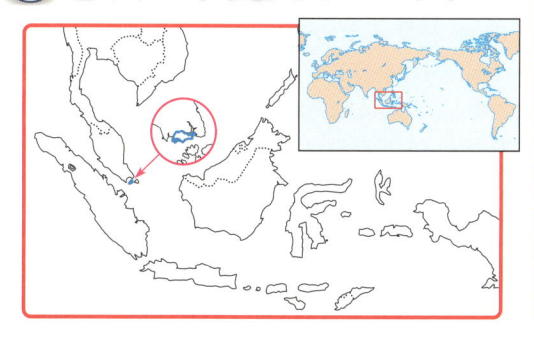

有名なこと・もの，キーワード
- **マーライオン**
　マーライオンは，上半身がライオン，下半身が魚という空想の生き物です。「ライオンの町」という意味の国名をもつシンガポールのシンボルとなっています。

7 アジア 仏教の国！ タイ

　タイは，仏教の国といわれています。タイでは，男子は必ず一度はおぼうさんになって修行をすることになっています。タイのおぼうさんは，法衣という黄色い衣装を着ています。仏教がさかんな国ですから，お寺や仏像もたくさんあります。日本にもたくさんの仏像がありますが，タイの仏像の中には，涅槃像（ねている仏像）として世界最大のものがあります。さて，そんな仏教の国タイで，神聖な動物として大切にされているのはどの動物でしょうか？　次の3つから選びなさい。

　　ア　馬　　　イ　犬　　　ウ　象

国のようすを知ろう

- 国名　タイ王国
- 首都　バンコク
- 面積　約51.3万km²（日本の約1.4倍）
- 人口　約6912万人

国旗を知ろう

国旗の意味　赤は国民と国家，中央の青はタイ王室とチャオプラヤ川，白は白象に由来し，仏教への信仰を表しています。

色をぬって，位置をたしかめよう

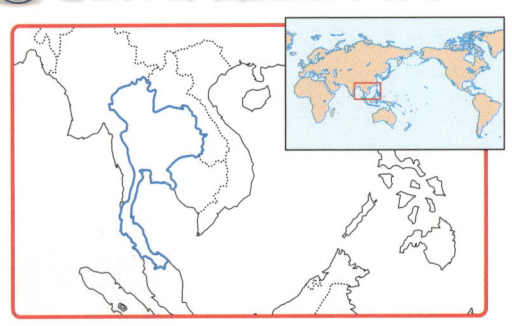

有名なこと・もの，キーワード

● 水上マーケット

　水上マーケットは，その名のとおり，水の上の市場。たくさんの野菜や果物，日用品を積んだ小船が，川を行きかっています。首都バンコクの水上マーケットには，地元の人だけではなく観光客もおとずれ，たくさんの人でにぎわっています。水上マーケットが発達したのは運河が多いからで，バンコクは「東洋のベネチア」とも呼ばれています。

第3章 世界の国々をくわしく知ろう！

8 アジア　フルーツの王国！　フィリピン

　フィリピンでは，一年中暖かな気候を利用して，パイナップル・マンゴー・パパイア・バナナなどの栽培が行われています。こうしたフィリピン産の南国のフルーツは，日本にもたくさん輸出されています。そんなフィリピンは，7000以上の島々からできている常夏の国です。いちばん大きな島はルソン島で，首都マニラがあります。多くの人が生活していて交通じゅうたいのひどいマニラでは，乗り合いの小型バスを人々はよく利用しています。さて，この公共の乗り物を何というでしょうか？　次の3つから選びなさい。

- ㋐ オートリクシャー
- ㋑ ベロタクシー
- ㋒ ジープニー

💡 国のようすを知ろう

- **国名** フィリピン共和国
- **首都** マニラ
- **面積** 約30.0万km²（日本の約0.8倍）
- **人口** 約9326万人

🚩 国旗を知ろう

国旗の意味　青は平和，赤は勇気，白は平等を示し，金色の3つ星は主要な島，太陽の八条の光はスペインからの独立を決起した8つの州を表します。

🧭 色をぬって，位置をたしかめよう

📖 有名なこと・もの，キーワード

- **ラプ・ラプ王**
　ラプ・ラプ王は16世紀のセブ島（フィリピン中部の島）の王様で，スペインの探検家マゼラン一行が島を攻めてきたときに勇敢に戦った英雄として尊敬されている人物です。マゼランがフィリピンに来たことでキリスト教が伝わり，今では国民の大部分がキリスト教徒となっています。

答え　㋒（㋐はインドの三輪タクシー，㋑はドイツ生まれの三輪自転車タクシー）

第3章 世界の国々をくわしく知ろう！

9 アジア お米が主食！ ベトナム

ベトナムにはホン川とメコン川という2つの大きな川が流れています。この2つの川の流域では、米作りが行われています。そこで、ベトナム料理には、お米の粉で作ったフォーというめんや、ライスペーパーという皮で野菜やお肉を包んだ生春巻きなど、お米を使ったものがたくさんあります。さて、日本人と同じでお米が主食のベトナム人。そんなベトナム人の女性が着ている民族衣装を何というでしょうか？ 次の3つから選びなさい。

- ㋐ ポンチョ
- ㋑ サリー
- ㋒ アオザイ

国のようす を知ろう

- 国名 ベトナム社会主義共和国
- 首都 ハノイ
- 面積 約33.1万km²（日本の約0.9倍）
- 人口 約8785万人

国旗 を知ろう

国旗の意味 赤は革命と人民が流した尊い血を表します。黄色の星の5つの光は、労働者・農民・知識人・青年・兵士の5階層の団結を表しています。

色をぬって、位置をたしかめよう

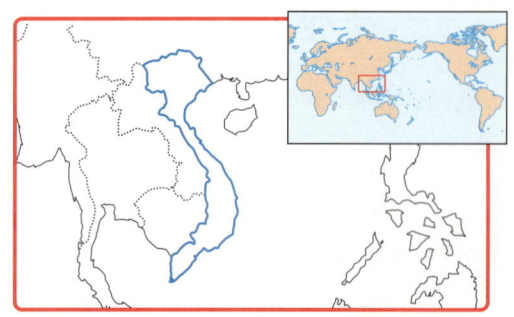

有名なこと・もの、キーワード

● ベトナム戦争

1960年代から1975年まで、ベトナムでは北ベトナムと南ベトナムに分かれて戦争が行われていました。戦争は北ベトナムが勝利して終結しましたが、激しい戦いにより、多くの人の命が失われました。ベトナムの古代王国の遺跡であるミーソン聖域も、攻撃を受けて大部分が破壊されてしまいました。

答え ㋒（㋐は南アメリカ・アンデスの山岳、㋑はインドの民族衣装）

10 アジア 名物は果物の王様ドリアン！ マレーシア

ドリアンという果物を知っていますか？ とてもくさいにおいがすることで有名な果物です。あまりのくささのため，ドリアンを飛行機やホテル，公共施設などに持ちこむことが禁止されているほどです。そんなドリアンですが，強いあまみがあり，栄養も豊富です。王様も，栄養をつけるために食べていたといわれています。そこで，「王様の果物」または「果物の王様」と呼ばれています。ところで，マレーシアには今も王様がいて，首長（スルタン）の中から選ばれています。では，いったい何人の首長がいるでしょうか？ 次の3つから選びなさい。

- ア 3人
- イ 5人
- ウ 9人

国のようすを知ろう

- **国名** マレーシア
- **首都** クアラルンプール
- **面積** 約33.1万km²（日本の約0.9倍）
- **人口** 約2840万人

国旗を知ろう

国旗の意味 赤と白の横線は独立時の14の州を表し，黄色の14の光をはなつ星と三日月はイスラム教国でスルタン（権力・権威）を表しています。

色をぬって，位置をたしかめよう

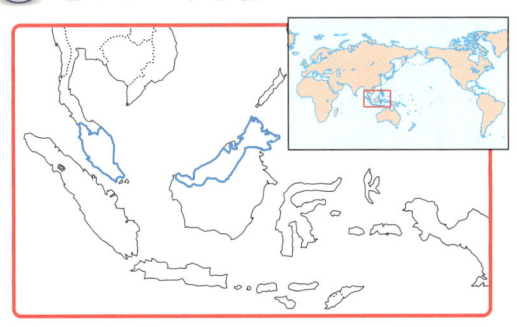

有名なこと・もの，キーワード

- **ペトロナスツインタワー**

高さ452m，88階建てのビルで，20世紀に建てられた建物の中では，世界一の高さをほこります。急速に経済発展したマレーシアを象徴するビルであるといえます。

11 アジア 国名が変わった国！ ミャンマー

　ミャンマーでは9割以上の人が仏教を信じていて，人々は仏教の教えを大切に守って暮らしています。そんなミャンマーの人にとって最も大切な場所が，金色にかがやくパゴダです。パゴダは仏教をひらいたお釈迦様の骨がおさめられている建物で，「お釈迦様の住む家」として，ミャンマーの人々の信仰の対象になっています。ところで，ミャンマーという国名は1989年に改められたもので，それまではちがう国名で呼ばれていました。ミャンマーの昔の国名は，何というでしょうか？　次の3つから選びなさい。

- ㋐ ビルマ
- ㋑ ザイール
- ㋒ セイロン

国のようすを知ろう

- **国名** ミャンマー連邦共和国
- **首都** ネーピードー
- **面積** 約67.7万km²（日本の約1.8倍）
- **人口** 約4796万人

国旗を知ろう

国旗の意味 黄色は国民が団結すること，緑は平和と豊かな自然，赤は勇気と決断力を表します。真ん中にある星は，国が1つになることを表しています。

色をぬって，位置をたしかめよう

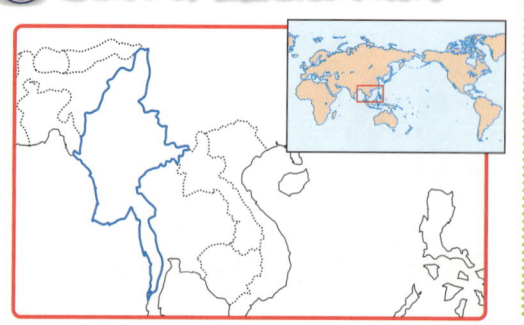

有名なこと・もの，キーワード

- **アウン・サン・スーチー（1945年〜）** 
  現在のミャンマー政府は，軍が力をにぎっています。それに反対し，国民の力で平和な国を作ろうという運動をしている人物です。1991年には，ノーベル平和賞を受賞しています。

第3章 世界の国々をくわしく知ろう！

12 アジア ガンジス川の流れる国！ インド

　インドの北部から東部を流れるガンジス川。このガンジス川は，全長約2510kmもある長い長い川です。インドで最も多く信じられているのはヒンズー教という宗教ですが，ガンジス川はヒンズー教徒にとって，「聖なる川」とされています。ところで，このガンジス川で，インドの人たちは体を洗いますが，そうするのはいったいなぜでしょうか？　次の3つから選びなさい。

- ア　川の水が冷たくて，とても気持ちがいいから。
- イ　罪が消えて，天国に行けると信じられているから。
- ウ　川の水で体を洗うと，美しくなるといわれているから。

国のようすを知ろう

- 国名　インド
- 首都　デリー
- 面積　約328.7万km²（日本の約8.7倍）
- 人口　約12億2461万人

国旗を知ろう

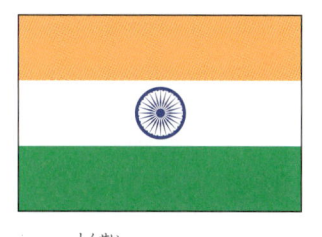

国旗の意味　オレンジがヒンズー教を，緑がイスラム教を，白が平和を表しています。真ん中にあるのは，法の輪（チャクラ）といわれ，神聖なものです。

色をぬって，位置をたしかめよう

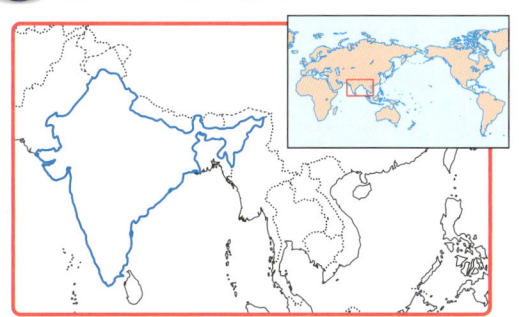

有名なこと・もの，キーワード

- ガンディー（1869〜1948年）

ガンディーは，「非暴力・不服従」という考えのもと，イギリスから独立するための運動を行った思想家です。ガンディーの誕生日は，インドでは国民の休日となっています。

第3章 世界の国々をくわしく知ろう！

13 アジア インドの南にある紅茶の国！ スリランカ

世界の三大紅茶といわれているのが，インドのダージリン紅茶，中国のキーマン紅茶，スリランカのウバ紅茶です。ウバ紅茶をはじめ，スリランカで作られているお茶はかつての国の名前からセイロンティーと呼ばれていて，世界中で親しまれています。スリランカは紅茶の栽培に適していて一年中お茶の葉がとれるので，紅茶の生産はインドに次いで世界第2位となっています。さて，そんなスリランカには特産品がもう1つあります。これは，とても貴重なもので，国土のおよそ半分でとれます。いったい何でしょうか？ 次の3つから選びなさい。

　ア 金　　イ 銀　　ウ 宝石

国のようすを知ろう
- **国名** スリランカ民主社会主義共和国
- **首都** スリジャヤワルダナプラコッテ
- **面積** 約6.6万km²（日本の約0.2倍）
- **人口** 約2086万人

国旗を知ろう
国旗の意味 緑はイスラム教徒を，オレンジはヒンズー教徒（タミル人）を，黄色の四すみの菩提樹の葉は仏教を，剣を持つライオンは王の権威を表しています。

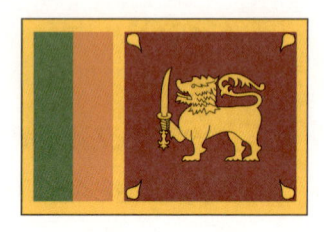

色をぬって，位置をたしかめよう

有名なこと・もの，キーワード
- **ココナッツ**
一年中暖かなスリランカには，やしの木がしげっています。スリランカ料理には，このやしの木の実，ココナッツを使ったものがたくさんあります。スリランカでは，カレーにもココナッツミルクを入れます。からさをおさえたスープ状のカレーがスリランカの定番です。

第3章 世界の国々をくわしく知ろう！

14 アジア ヒマラヤ山脈がある国！ ネパール

　国旗は，その国の象徴といえるものです。国旗の模様は，いろいろありますが，形はほとんどが長方形（または正方形）です。ところが，たった1つだけ三角形が2つ重なったような国旗の国があります。その国がネパールです。ネパールという国名は「ふもと」という意味をもっています。ネパールはヒマラヤ山脈がある国で，首都カトマンズはヒマラヤ観光の拠点となっています。カトマンズには世界中の登山家が集まり，世界でいちばん高い山へと出発していきます。その山の名前を何というでしょうか？　次の3つから選びなさい。

- ㋐ モンブラン
- ㋑ エベレスト
- ㋒ キリマンジャロ

国のようすを知ろう
- **国名** ネパール連邦民主共和国
- **首都** カトマンズ
- **面積** 約14.7万km²（日本の約0.4倍）
- **人口** 約2996万人

国旗を知ろう
国旗の意味 三角旗の中にえがかれた上部の月は王家を，下部の太陽は宰相を，外わくの青色はヒマラヤの空を，赤色は国民の勇敢さなどを表しています。

色をぬって，位置をたしかめよう

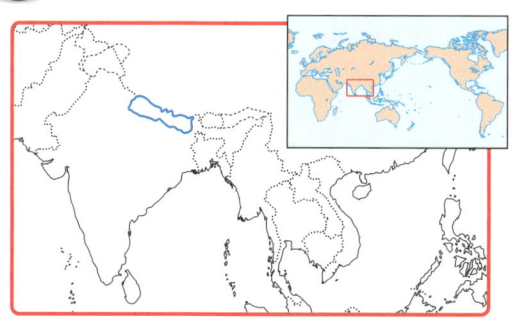

有名なこと・もの，キーワード
● **チトワン国立公園**
　チトワン国立公園は，ネパールの南部にあるジャングルを保護するための公園で，世界遺産にも登録されています。この公園の中には，インドサイやベンガルトラなど，絶滅が心配されている動物が生息しています。許可を得れば，ジャングルの中を観光することもできます。

答え ㋑ （ア）はフランスとイタリアの間にある山，（ウ）はアフリカ大陸にある山

15 アジア 古代文明の栄えた国！ イラク

イラクには、チグリス川とユーフラテス川という2つの大きな川が流れています。この2つの川の流域をメソポタミアといい、古くから農耕が営まれてきて、古代文明が栄えました。暦や時間の単位である六十進法を作り、1週間を7日としたのもメソポタミアの人々でした。また、星の運行や組み合わせから未来を予知しようとする占星術もさかんで、天体観測術も発達しました。さて、こうした高度な文明をほこったメソポタミアですが、この地域ではじめて作られた飲み物は、何でしょうか？次の3つから選びなさい。

㋐ ワイン　　㋑ コーヒー　　㋒ 紅茶

国のようすを知ろう
- **国名** イラク共和国
- **首都** バグダッド
- **面積** 約43.5万km²（日本の約1.2倍）
- **人口** 約3167万人

国旗を知ろう
国旗の意味 赤は勇気、白は寛大さ、黒はイスラム教の伝統を表します。中央の緑の文字は、「アラーは偉大なり」という意味を表します。

色をぬって、位置をたしかめよう

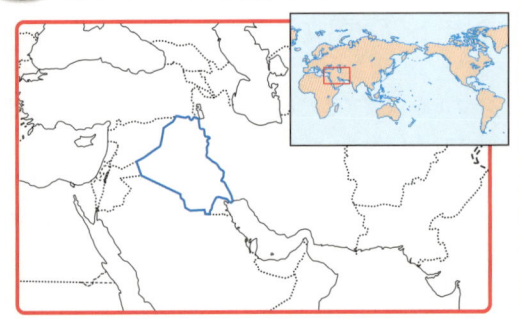

有名なこと・もの、キーワード
● **イラク戦争**
サダム・フセインが大統領に就任して以来、イラクは1980年から1988年のイラン＝イラク戦争、1991年の湾岸戦争と、戦争をくり返してきました。2003年にイラク戦争が起きてフセイン政権はたおれましたが、今も国内や国外でさまざまな衝突が続いています。

第3章 世界の国々をくわしく知ろう！

16 アジア 昔，ペルシャ！ 今，イラン

　「ペルシャねこ」は，高価なねこの一種として，また，「ペルシャじゅうたん」も，とても高価なじゅうたんとして有名です。このペルシャという名は，今のイランの古い時代の国名です。イランがペルシャと呼ばれていたころ，ペルシャやエジプト，インドなどで口伝えで伝えられてきたお話に，『アラビアンナイト』というものがあります。おとなりの国イラクの首都バグダッドがお話の舞台となっていて，『千夜一夜物語』とも呼ばれています。では，この『アラビアンナイト』におさめられている作品はどれでしょうか？　次の3つから選びなさい。

- ㋐ 白雪ひめ
- ㋑ かちかち山
- ㋒ アラジンとまほうのランプ

国のようす を知ろう
- 国名　イラン・イスラム共和国
- 首都　テヘラン
- 面積　約162.9万km²（日本の約4.3倍）
- 人口　約7397万人

国旗を知ろう
国旗の意味　緑がイスラム教，白は平和と友情，赤は共和国憲法を表します。中央は国章で，境界には「アラーは偉大なり」がくり返し書いてあります。

色をぬって，位置をたしかめよう

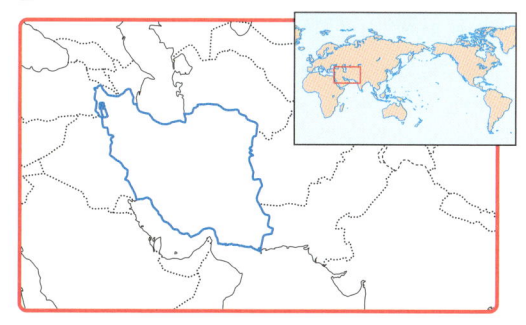

有名なこと・もの，キーワード
● 地下水路カナート
　イランは，乾燥していて水の少ない地域です。そこで，田畑で使う水や飲料水を得るために，カナートという地下水路が作られました。紀元前6世紀から広まったもので，カナートのおかげで遠くの山脈の地下水を，蒸発させることなく遠くの場所までひくことができるようになりました。

17 石油で豊かに！ クウェート （アジア）

　クウェートは，ペルシャ湾のおく，アラビア半島の付け根にある国です。面積は，岩手県より少し大きいぐらいです。国土の大部分が砂漠となっていて，夏の気温は50度をこすほどです。夏はほとんど雨も降らず，強い砂あらしが続きます。そんな国の経済を支えているのは石油です。ブルガン油田という油田が発見されて以来，クウェートでは石油を輸出することで大きな収入を得るようになり，国民の生活は豊かになりました。そこで，クウェートではあるものとあるものが無料になっています。それは何でしょうか？　次の3つから選びなさい。

- ㋐ 教育費と医療費
- ㋑ 食費と住居費
- ㋒ 衣料費と光熱費

国のようすを知ろう

- 国名　クウェート国
- 首都　クウェート
- 面積　約1.8万km²（日本の約0.05倍）
- 人口　約274万人

国旗を知ろう

国旗の意味　緑はファーティマ朝，白はウマイヤ朝，黒はアッバース朝，赤はアラブ社会の基盤を形成する血縁を表します。勇気・純潔・戦場・繁栄を象徴。

色をぬって，位置をたしかめよう

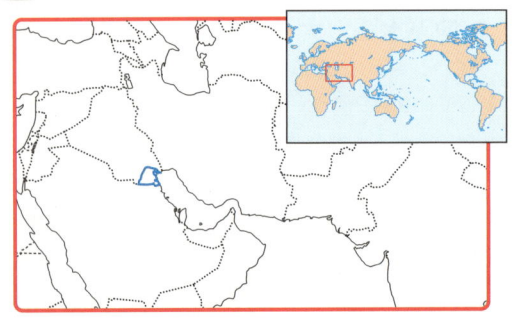

有名なこと・もの，キーワード

● 避寒地

　夏は乾燥と焼けつきそうな暑さに苦しめられるクウェートですが，冬には雨も降り，厳しい暑さもやわらぎます。12月から3月にかけては気温が下がって快適な気候になるので，冬の寒さをのがれようとやってきた多くの観光客でにぎわうようになります。

18 聖地メッカ！ サウジアラビア（アジア）

　世界最大の半島・アラビア半島にあるサウジアラビアは，国土の3分の1が砂漠となっています。この砂漠には大量の石油がうまっていて，その量は世界一。日本にもたくさんの石油が輸出されています。また，西部の都市メッカは，イスラム教の聖地として有名です。7世紀のはじめに，預言者ムハンマドがメッカでアラー（神）の声を聞き，イスラム教をおこしました。イスラム教では，1日に5回，メッカに向かっておいのりをするきまりになっています。では，イスラム教の経典を何というでしょうか？ 次の3つから選びなさい。

- ア 聖書
- イ 法華経
- ウ コーラン

国のようすを知ろう

- **国名** サウジアラビア王国
- **首都** リヤド
- **面積** 約215.0万km²（日本の約5.7倍）
- **人口** 約2745万人

国旗を知ろう

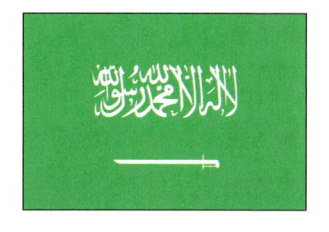

国旗の意味 緑はイスラム教の聖なる色。中央の文字はアラビア語でムハンマドをたたえたコーランの一節，剣は聖地メッカを守護することを表します。

色をぬって，位置をたしかめよう

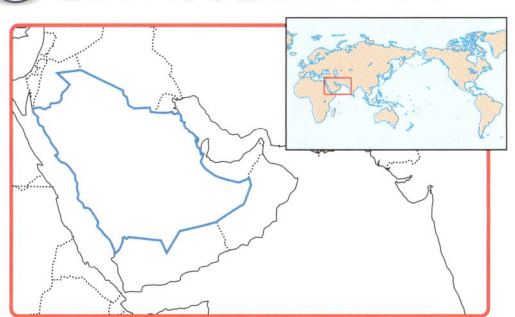

有名なこと・もの，キーワード

● アバヤ

　イスラム教の教えでは，女性は顔と手以外はかくすことになっています。アバヤはアラビア半島の民族衣装で，黒い布で目と手足の先以外をすっぽりおおってかくしてしまいます。

答え ウ（イスラム教の経典は，ぜったいにまもらなければならない教典）

第3章 世界の国々をくわしく知ろう！

19 アジア　アジアとヨーロッパを結ぶ国！ トルコ

　トルコは，アジア大陸とヨーロッパ大陸にまたがる国です。トルコ料理は世界三大料理の1つとされていて，うす切りにしたお肉をくしに巻きつけて回転させて焼くドネル・ケバブや，のびるアイスクリームのドンドゥルマなど，おいしい料理がたくさんあります。そんなトルコ最大の都市はイスタンブール。アジアとヨーロッパを結ぶ重要な都市として，昔から政治，経済，交通，文化などの中心地として栄えてきました。ところで，このイスタンブールはかつて何という名前で呼ばれていたでしょうか？　次の3つから選びなさい。

- ア　クアラルンプール
- イ　コンスタンチノープル
- ウ　リバプール

国のようすを知ろう

- **国名**　トルコ共和国
- **首都**　アンカラ
- **面積**　約78.4万km²（日本の約2.1倍）
- **人口**　約7275万人

国旗を知ろう

国旗の意味　三日月と星は，民族の進歩と国家の独立を象徴し，赤色はオスマン朝の色といわれています。月星はイスラムの象徴です。

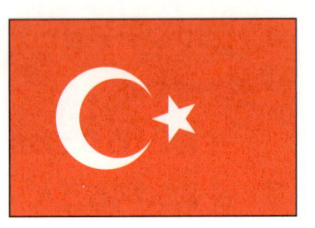

色をぬって，位置をたしかめよう

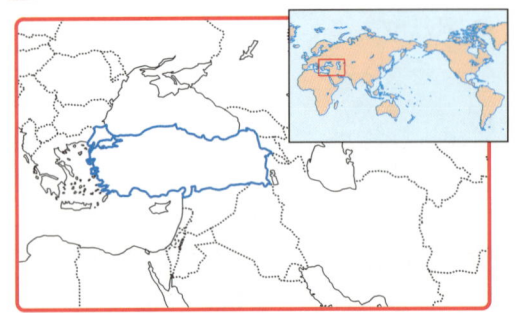

有名なこと・もの，キーワード

- **トロイアの遺跡**
　古代ギリシャの詩に，イリアスという都市が登場します。この都市は空想の都市と考えられてきましたが，ドイツの考古学者シュリーマンの発見によって，実在することが証明されました。トロイア戦争で使われた「トロイの木馬」も復元され，展示されています。

答え　イ（⑦はマレーシアの首都，⑨はイギリスの都市）

第3章 世界の国々をくわしく知ろう！

20 アジア 人がぷかぷかうく死海！ ヨルダン

ヨルダンとイスラエルの2つの国の間には，「死海」という湖があります。死海の塩分のこさは，海水の約10倍。人の体も簡単にういてしまうこさです。死海では，人がぷかぷかうきながら読書をする姿も見られます。ところで，死海はどうして死海と呼ばれているのでしょうか？ その理由を次の3つから選びなさい。

- ㋐ 塩をめぐって周辺の国が戦いをくり返してきたから。
- ㋑ 塩分がこいのでずっとつかっていると死んでしまうから。
- ㋒ 塩分が強すぎて生物が生きていくことができないから。

国のようすを知ろう

- **国名** ヨルダン・ハシェミット王国
- **首都** アンマン
- **面積** 約8.9万km²（日本の約0.2倍）
- **人口** 約619万人

国旗を知ろう

国旗の意味 赤はイスラム教，他の黒・白・緑の3色は歴代のイスラム王朝を表します。白い7角の星は，コーランの一節を象徴したものです。

色をぬって，位置をたしかめよう

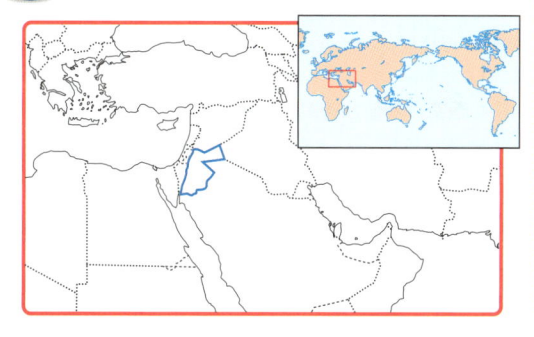

有名なこと・もの，キーワード

- **古代都市ペトラ**

死海から約80kmはなれたところに，古代都市ペトラがあります。紀元前2世紀ごろの王国の首都で，貿易のために砂漠を移動していた商人たちが立ち寄る地として栄えました。世界遺産にも登録されたこの遺跡では，映画『インディジョーンズ』のロケも行われました。

第3章 世界の国々をくわしく知ろう！

21 オセアニア　コアラとカンガルーの国！ オーストラリア

日本は北半球にありますが，オーストラリアは南半球にあります。そこで，日本とオーストラリアでは，季節が逆になります。クリスマスだって夏にあります。そんなオーストラリアは他の大陸からはなれているので，生物が独自の進化をとげました。コアラやカンガルーがそうです。コアラやカンガルーをゆうたい類といいますが，ほかのほにゅう類とはどんなところがちがうのでしょうか？　次の3つから選びなさい。

- ⑦ 親が子どもを卵で産んで育てるところ。
- ⑦ おなかのふくろで子どもを育てるところ。
- ⑦ 水を飲まなくても生きていけるところ。

国のようすを知ろう

- **国名** オーストラリア連邦
- **首都** キャンベラ
- **面積** 約769.2万km²（日本の約20倍）
- **人口** 約2227万人

＊ユニオンジャックは，イギリスの国旗のこと。

国旗を知ろう

国旗の意味 ユニオンジャックはイギリス連邦の一員であることを表します。左の7条の光は6つの州とタスマニア島を，右の5つの星は南十字星を表します。

色をぬって，位置をたしかめよう

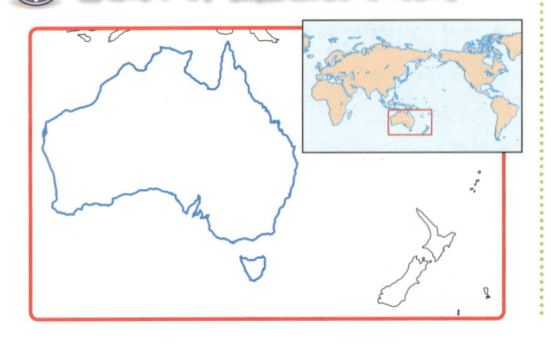

有名なこと・もの，キーワード

- **アボリジニ**
  18世紀の終わりにイギリス人がやってきて国をつくるずっと前から，アボリジニという先住民がオーストラリアには住んでいました。しかし，あとから来たヨーロッパの人々に差別的なあつかいを受け，1967年になってようやく，オーストラリア国民としての権利が認められました。

22 オセアニア 世界一早い初日の出！ キリバス

　キリバスは，世界でいちばん早く新年をむかえる国です。キリバスでは，かつて日付変更線が国の中を通っていました。しかし，1つの国の中で日付がちがうのは不便だということで，キリバスのところで線が大きく曲げられました。このキリバスは，太平洋上にあるサンゴ礁でできた島国ですが，地球温暖化が進むとある問題が起こるとされています。いったい何が起こるのでしょうか？　次の3つから選びなさい。

- ア　海にしずんでしまう。
- イ　水がなくなってしまう。
- ウ　植物がかれてしまう。

国のようすを知ろう

- **国名**　キリバス共和国
- **首都**　タラワ
- **面積**　約730km²（対馬とほぼ同じ）
- **人口**　約10万人

国旗を知ろう

国旗の意味　太平洋の波，海鳥，日の出を組み合わせたデザインで，日付変更線に近く，世界でいちばん早く太陽がのぼる国であることを表します。

色をぬって，位置をたしかめよう

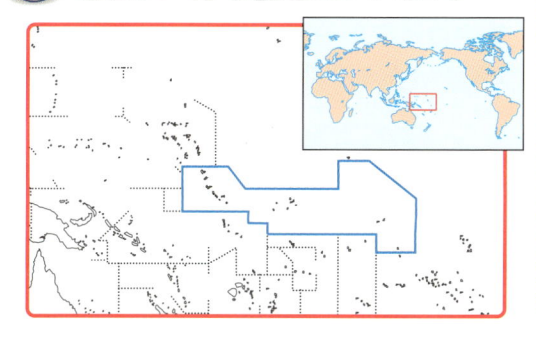

有名なこと・もの，キーワード

- **クリスマス島**

　キリバスには，クリスマス島という名の島があります。サンゴ礁でできた島としては最大級の大きさの島です。クリスマス島という名は，イギリス人の探検家ジェームス・クックが，1777年のクリスマスにこの島にたどり着いたことにちなんでいます。

第3章 世界の国々をくわしく知ろう！

23 オセアニア
人よりも羊が多い？ ニュージーランド

　ニュージーランドには，広い牧場がたくさんあります。そこで飼われている羊の数は，なんと人間の数よりも多いほどです。日本へも，ニュージーランドから羊毛などの畜産物がたくさん輸出されています。そんなニュージーランドと日本ですが，日本が冬のときにはニュージーランドは夏。季節が逆なのです。しかし，共通点もあります。1つは富士山があること。ニュージーランドに富士山？　と思うかもしれませんが，タナラキ山という山は，富士山にそっくりなのです。さらにもう1つ，日本にもニュージーランドにもあるものがあります。それはいったい何でしょうか？　次の3つから選びなさい。

　　ア 砂漠　　イ 温泉　　ウ 熱帯雨林

国のようすを知ろう
- **国名** ニュージーランド
- **首都** ウェリントン
- **面積** 約27.0万km²（日本の約0.7倍）
- **人口** 約437万人

国旗を知ろう
国旗の意味 ユニオンジャックはイギリスの自治領であったこと，4つの星は南十字星を表しています。

色をぬって，位置をたしかめよう

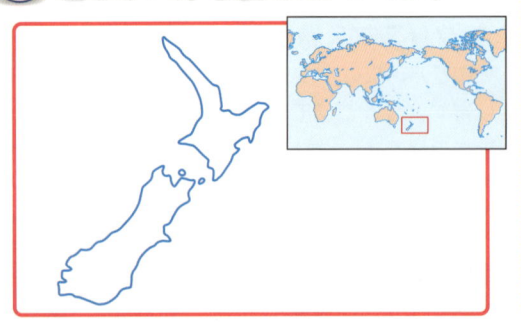

有名なこと・もの，キーワード
- **キウイフルーツ**
　スーパーなどでよく見かけるキウイフルーツ。キウイフルーツの「キウイ」という名は，ニュージーランドの国鳥キウイに似ているところからつけられました。大きさはちがいますが，キウイとキウイフルーツの外観はそっくりです。このキウイフルーツは，中国が原産の果物です。

24 アフリカ 代名詞はピラミッド！ エジプト

　ピラミッドは，アフリカや中南米に見られる四角すい状の巨大な石造りの建造物です。王様が死んだあとに住む場所とされていて，エジプトにあるクフ王，カフラー王，メンカウラー王のピラミッドは，ギザの三大ピラミッドとして有名です。その中で最も大きなクフ王のピラミッドは，底辺の一辺が230m，高さが147mもありました。ピラミッドからは，歴代の王のミイラや財宝，黄金のそうしょく品などが発掘されています。さて，このギザの三大ピラミッドがあるエジプトと関係の深い女性はだれでしょうか？　次の3つから選びなさい。

- ㋐ ジャンヌ・ダルク
- ㋑ マリー・アントワネット
- ㋒ クレオパトラ

国のようすを知ろう
- **国名** エジプト・アラブ共和国
- **首都** カイロ
- **面積** 約100.2万km²（日本の約2.7倍）
- **人口** 約8112万人

国旗を知ろう
国旗の意味 赤は革命の血，白は明るい未来と平和，黒は過去の暗い圧政を表しているそうです。国旗の真ん中の鳥はタカです。

色をぬって，位置をたしかめよう

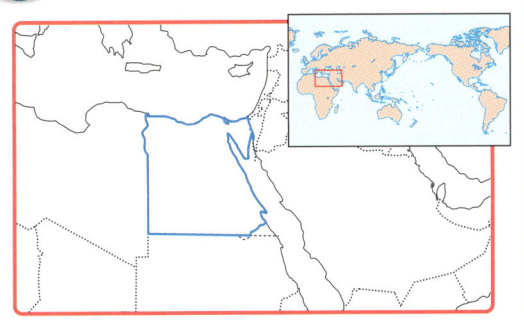

有名なこと・もの，キーワード
- **ナイル川**
　アフリカ大陸を流れるナイル川は，世界でいちばん長い川です。ナイル川の下流部では，古代エジプト文明がおこりました。ナイル川はよく洪水を起こしましたが，洪水によって上流からよく肥えた土が流れこんできたおかげで，農業が発展し，文明が栄えたのです。

答え ㋒（ピラミッドと深い関係の人物）

第3章 世界の国々をくわしく知ろう！

25 アフリカ マラソンで金メダル！ エチオピア

　1960年と1964年のオリンピックのマラソンで，エチオピアのアベベ選手が2大会連続で金メダルにかがやきました。エチオピアは国土のほとんどがエチオピア高原でしめられていて，人々は高地で暮らしています。高地での生活が，アベベ選手の心肺機能を強くしたのです。さて，このアベベ選手はローマオリンピックのとき，見ていた人たちをどんなことでおどろかせたでしょうか？　次の3つから選びなさい。

- ア　何度も休んだけれど1位になったこと。
- イ　くつがこわれたのではだしで走ったこと。
- ウ　ゴールしてもまた外に走っていったこと。

国のようすを知ろう
- **国名** エチオピア連邦民主共和国
- **首都** アディスアベバ
- **面積** 約110.4万km²（日本の約2.9倍）
- **人口** 約8295万人

国旗を知ろう
国旗の意味 緑・黄・赤の3色は信仰・希望・愛，青は平和を表すそうです。中央の紋章は五芒星で，ソロモンの星です。

色をぬって，位置をたしかめよう

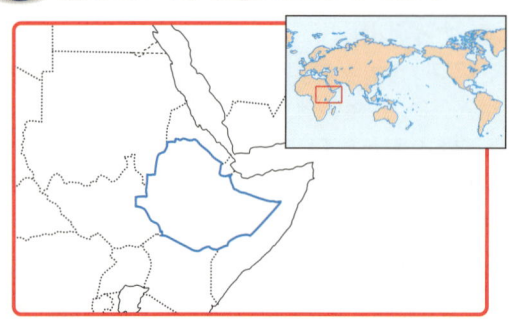

有名なこと・もの，キーワード
- **コーヒー**
最初にコーヒーを飲みはじめたのは，エチオピアの人だといわれています。コーヒーは，エチオピアの重要な輸出品となっていて，エチオピアでは，複数の人でコーヒーを楽しむ習慣もあります。

第3章 世界の国々をくわしく知ろう！

26 アフリカ カカオ豆の産地！ ガーナ

ガーナは，西アフリカにある国です。海岸では大量の金がとれたため，ゴールドコーストと呼ばれていました。他にも，ダイヤモンドやボーキサイトなどもとれ，地下資源にめぐまれています。また，ココアやチョコレートの原料であるカカオ豆の産地としても有名です。さて，このカカオ豆。かつてあるものとして用いられていました。それはいったい何でしょうか？ 次の3つから選びなさい。

- ア お金
- イ 宝石
- ウ 武器

国のようすを知ろう

- **国名** ガーナ共和国
- **首都** アクラ
- **面積** 約23.9万km²（日本の約0.6倍）
- **人口** 約2439万人

国旗を知ろう

国旗の意味 赤は独立のための戦いで流れた血を，黄は地下資源を，緑は農業と森林を，中央の黒い星はアフリカの自由を表しています。

色をぬって，位置をたしかめよう

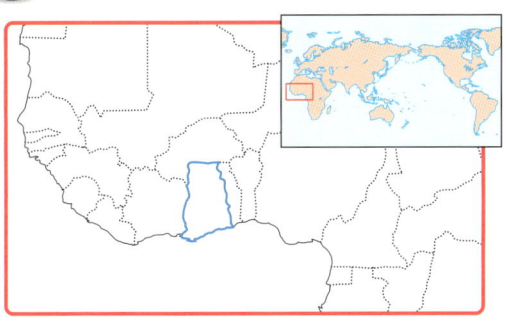

有名なこと・もの，キーワード

- **野口英世（1876～1928年）**
細菌学者として世界的に有名な野口英世は，黄熱病の研究のため，アフリカにわたりました。しかし，ガーナで黄熱病にかかって亡くなってしまいました。病気の原因を解明するなどして医学のためにつくした野口英世は，現在千円札にその姿がえがかれています。

第3章 世界の国々をくわしく知ろう！

27 アフリカ 野生の王国！ ケニア

　ケニアには自然が多く残されていて，12の国立公園や国立保護区があります。そこでは，アフリカ象やライオンをはじめとする多くの野生動物が保護されています。また，ケニアは赤道の真下にある国なので一部の地域はとても暑いのですが，その他の大部分は標高約1100m～約1800mの高原にあるため，すずしくて過ごしやすい気候となっています。ちょうど，日本の春のような気候です。国の中央にはアフリカで2番目に高いケニア山があります。さて，このケニア山のてっぺんには何があるでしょうか？　次の3つから選びなさい。

- ア 氷河
- イ 湖
- ウ 砂漠

国のようす を知ろう

- 国名　ケニア共和国
- 首都　ナイロビ
- 面積　約58.0万km²（日本の約1.5倍）
- 人口　約4051万人

国旗を知ろう

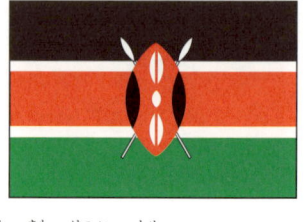

国旗の意味　黒は国民，赤は独立のための戦い，緑は国土と農業，白は統一と平和を表しています。マサイ族のたてとやりは自由を守る決意を示します。

色をぬって，位置をたしかめよう

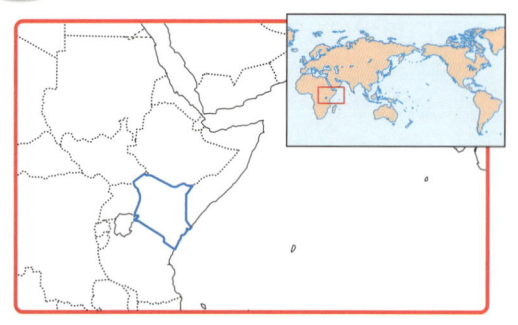

有名なこと・もの，キーワード

● マサイ族

　マサイ族は，ケニアとタンザニアのサバンナと呼ばれる草原に暮らす遊牧民です。マサイ族は，ほこり高い草原の勇者として知られています。

28 アフリカ キリマンジャロの危機？ タンザニア

　アフリカで一番高い山は，タンザニアにあるキリマンジャロという山です。赤道近辺にある山ですが，頂上付近には氷河があり，万年雪でおおわれています。「キリマンジャロ」という名は，スワヒリ語で「白くかがやける山」という意味を表します。その名のとおり，下から見るとかがやいて見えるそうです。しかし，万年雪も地球温暖化などが原因で，何十年後かにはとけてしまうかもしれないといわれています。さて，キリマンジャロのふもとでは，ある作物が作られていて，世界中の人から愛されています。その作物とはいったい何でしょうか？　次の3つから選びなさい。

- ㋐ コーヒー
- ㋑ バナナ
- ㋒ お茶

国のようすを知ろう

- **国名** タンザニア連合共和国
- **首都** ダルエスサラーム
- **面積** 約94.5万km²（日本の約2.5倍）
- **人口** 約4484万人

国旗を知ろう

国旗の意味 緑は大地，金色は鉱物資源，黒は人々，青は海を意味しているそうです。タンガニーカとザンジバルの国旗を合成したものです。

色をぬって，位置をたしかめよう

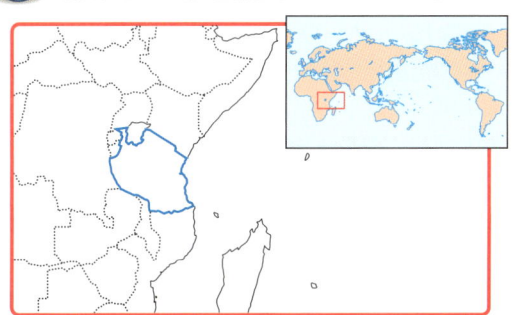

有名なこと・もの，キーワード

- **マコンデ族**

　マコンデ族は，タンザニアに暮らす部族です。木ぼりの長い伝統をもちます。黒檀という木で作った動物や人をほった人形は，マコンデ・アートとして有名です。

29 アフリカのはし！ 南アフリカ

南アフリカでは，2010年にサッカーのワールドカップが開かれ，世界中からたくさんの人がおとずれました。日本からアフリカまでは，直線距離でも約1万5000kmもあります。今は遠くはなれた場所に行くのに飛行機がありますが，昔は船で移動していました。航海する人にとって，アフリカのはしにある喜望峰というみさきは重要な場所でした。ポルトガルの航海者バスコ・ダ・ガマが，喜望峰を回るインド航路を開いたのです。さて，この喜望峰は昔は何という名前で呼ばれていたでしょうか？　次の3つから選びなさい。

- ア　幸福のみさき
- イ　天国のみさき
- ウ　あらしのみさき

国のようすを知ろう

- **国名** 南アフリカ共和国
- **首都** プレトリア
- **面積** 約122.1万km²（日本の約3.2倍）
- **人口** 約5013万人

国旗を知ろう

国旗の意味 横になったYの字はいろんな人種，民族が協調・統合されて前進することを表しています。

色をぬって，位置をたしかめよう

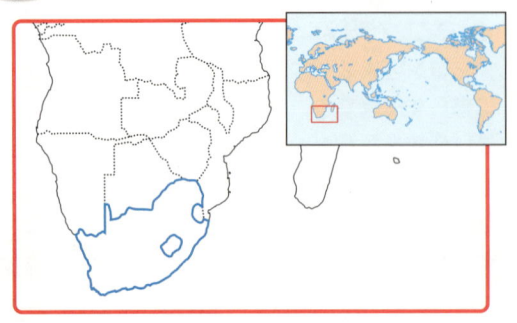

有名なこと・もの，キーワード

- **ネルソン・マンデラ**（1918年〜）
  かつて南アフリカでは，白人が黒人を差別するアパルトヘイトという政策がとられていました。ネルソン・マンデラはそれに反対したので，たいほされてしまいました。しかし，しゃくほうされたあとは大統領となり，アパルトヘイト政策を廃止しました。

30 ヨーロッパ 大英帝国！ イギリス

イギリスには、アフタヌーン・ティーという習慣があります。紅茶を飲みながら、スコーンなどの軽食をとるというものです。イギリスはかつて大英帝国という名で、世界中に植民地をもっていました。紅茶も、植民地であったインドやスリランカから輸入していました。7つの海を支配し、世界の4分の1を植民地としていたことから、大英帝国は何と呼ばれていたでしょうか？　次の3つから選びなさい。

- ア　太陽のしずまない国
- イ　天国に一番近い国
- ウ　不思議の国

国のようすを知ろう

- **国名** イギリス（グレートブリテンおよび北アイルランド連合王国）
- **首都** ロンドン
- **面積** 約24.3万km²（日本の約0.6倍）
- **人口** 約6204万人

国旗を知ろう

国旗の意味 縦横の赤がイングランド、ななめの白がスコットランド、ななめの赤が北アイルランドを指し、3つの十字を合わせた3国連合を表します。

色をぬって、位置をたしかめよう

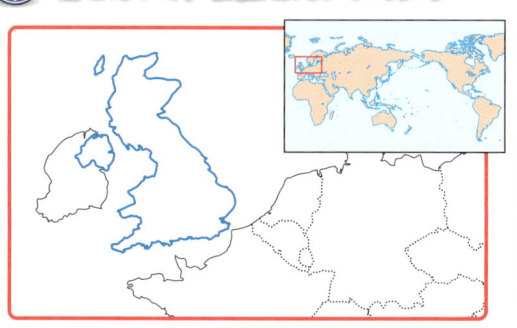

有名なこと・もの、キーワード

- **旧グリニッジ天文台**

地球上の位置は、緯度と経度で表すことができます。経度0度を通っているのが赤道です。赤道より北を北緯、南を南緯といいます。緯度0度の位置にあるのが旧グリニッジ天文台で、経度0度より東を東経、西を西経といいます。

31 花の都パリ！ フランス (ヨーロッパ)

　フランスには歴史的な建物が多く、世界中からたくさんの観光客がおとずれています。そんなフランスの首都はパリ。パリは花の都、芸術の都と呼ばれているように、美術・音楽・文学・映画などの芸術活動が昔からさかんな、はなやかな都市です。そのパリのシンボルともいえるのがエッフェル塔です。1889年に開かれた第4回パリ万国博覧会のときに建てられました。もう1つのシンボルといえるのが凱旋門。戦争の勝利を記念して建てられたものなのですが、この凱旋門を建てたのはだれでしょうか？　次の3つから選びなさい。

- ⑦ ナポレオン
- ⑦ アレクサンダー
- ⑦ ムッソリーニ

国のようすを知ろう
- **国名** フランス共和国
- **首都** パリ
- **面積** 約55.2万km²（日本の約1.5倍）
- **人口** 約6279万人

国旗を知ろう
国旗の意味 青・白・赤は「自由・平等・博愛」のシンボルで、白はフランス王家、青と赤はパリの紋章に由来するといわれています。

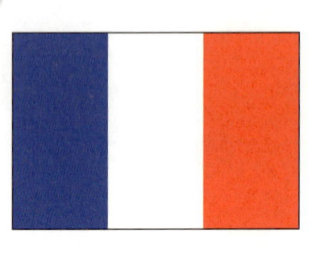

色をぬって、位置をたしかめよう

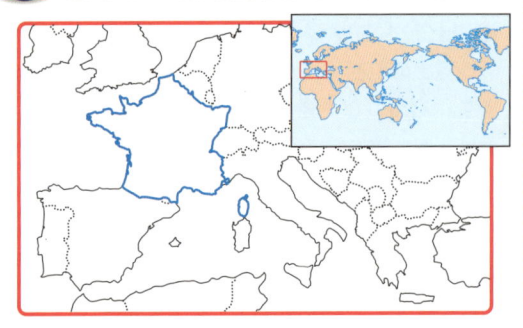

有名なこと・もの、キーワード
● TGV
　フランスは、鉄道技術が発達しています。TGVはフランス語で「高速列車」という意味で、最高速度は時速300kmをこえます。日本の新幹線の最大のライバルといってもよい列車です。

答え ⑦（古代ローマの王、はイタリアの政治家）

32 ヨーロッパ 鎖国のときにも交流が！ オランダ

　チューリップと風車で有名なオランダは，江戸時代から日本と交流がありました。江戸時代には，三代将軍徳川家光が鎖国令という命令を出して，外国との交流を禁止しました。その鎖国の時代にも，交流が許された国が2つあります。1つは中国（清）で，もう1つはオランダでした。日本はオランダからたくさんのことを学びました。逆に，日本の文化もオランダに伝わっていき，オランダのある画家は，浮世絵のえいきょうを受けた絵をえがきました。その画家とはいったいだれでしょうか？　次の3つから選びなさい。

⑦ ゴッホ　　④ ピカソ　　⑨ ムンク

国のようすを知ろう
- **国名** オランダ王国
- **首都** アムステルダム
- **面積** 約3.7万km²（日本の約0.1倍）
- **人口** 約1661万人

国旗を知ろう
国旗の意味 赤は独立のために戦った国民の勇気，白は信仰心，青は祖国に忠義をつくす心を表しています。

色をぬって，位置をたしかめよう

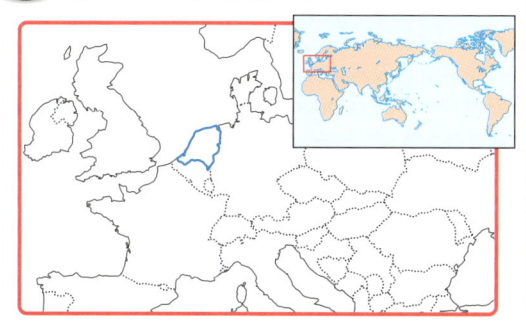

有名なこと・もの，キーワード
● ポルダー
　オランダは国土の4分の1が海面よりも低いところにあります。オランダでは，海をうめたてて国土を広げてきたのです。そうしてできた干拓地のことを，ポルダーといいます。干拓地は住宅地としては向かないため，園芸用の農地や牧草地として利用されています。

答え ⑦（ゴッホ。イギリスの画家「ムンク」，スペインの画家「ピカソ」）

33 芸術の国！ イタリア

ヨーロッパ

みなさんもよく知っている「モナリザ」という絵画は，イタリアのレオナルド・ダ・ヴィンチの作品です。レオナルド・ダ・ヴィンチは，絵画だけではなく，建築や科学などさまざまな分野で活躍しました。そのため，「万能の天才」と呼ばれています。では，レオナルド・ダ・ヴィンチはどのようなことを行ったのでしょうか？ 次の3つから選びなさい。

- ⑦ 不老不死の薬の研究
- ⑦ 飛行用装置の試作
- ⑦ 鉄砲の発明

国のようすを知ろう

- **国名** イタリア共和国
- **首都** ローマ
- **面積** 約30.1万km²（日本の約0.8倍）
- **人口** 約6055万人

国旗を知ろう

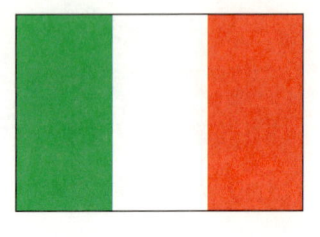

国旗の意味 緑は美しい国土の豊かさ，白は雪，赤は情熱を表します。また，緑・白・赤の三色旗は，自由・平等・博愛を表すといわれています。

色をぬって，位置をたしかめよう

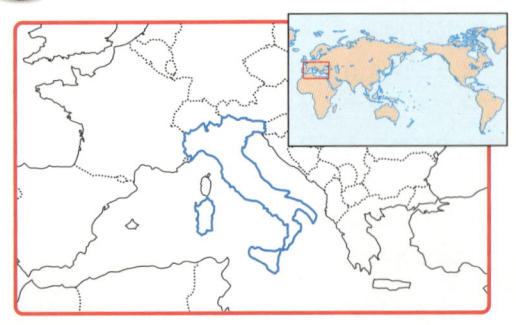

有名なこと・もの，キーワード

● **コロッセオ**

イタリアの首都で，ローマ帝国の都として栄えたローマには，ローマ帝国時代の遺跡がいくつも残っています。コロッセオもその1つです。コロッセオは円形の闘技場で，剣闘士の戦いを見にきたたくさんの観客でにぎわっていました。

第3章 世界の国々をくわしく知ろう！

34 ヨーロッパ　オーストラリア？　いいえ，オーストリア

みなさんはウィンナーコーヒーという飲み物を知っていますか？　ウィンナーソーセージの入ったコーヒーではありません。ウィンナーのコーヒーという意味で，ホイップクリームをうかべたコーヒーのことをいいます。「ウィンナー」は「ウィーン風の」という意味で，ウィーンはオーストリアの首都です。「ウィンナー」がつくウィンナーホルンという楽器がありますが，それはどれでしょうか？　次の3つから選びなさい。

ア　イ　ウ

国のようすを知ろう
- **国名** オーストリア共和国
- **首都** ウィーン
- **面積** 約8.4万km²（日本の約0.2倍）
- **人口** 約839万人

国旗を知ろう
国旗の意味 十字
軍が遠征したとき，敵の血で白かった軍の衣装が赤く染まったという話にもとづいてできました。

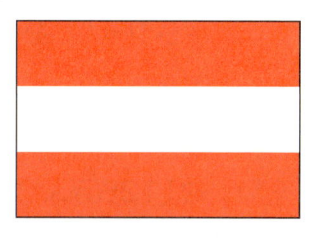

色をぬって，位置をたしかめよう

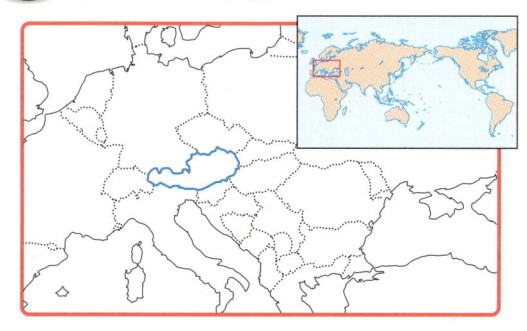

有名なこと・もの，キーワード
- **モーツァルト**（1756～91年）
　モーツァルトは，小さいころから音楽の才能を発揮し，「神童」と呼ばれていました。35才の若さで亡くなるまでに，たくさんのすばらしい曲を作りました。

答え　イ（アはトランペット，ウはトロンボーン）

第3章 世界の国々をくわしく知ろう！

35 ヨーロッパ オリンピックの始まった国！ ギリシャ

　古代ギリシャの都市オリンピアでは，4年に1度，オリンピアの祭典と呼ばれる大規模な競技会が行われていました。これを古代オリンピックといいます。ローマ皇帝に禁止されて以来，その歴史はとだえていましたが，1896年にギリシャのアテネで再び開かれました。これが近代オリンピックの始まりです。日本では，1964年に東京で第18回オリンピックが開かれています。ところで，近代オリンピックにはさまざまな種目がありますが，初期の古代オリンピックでは種目が1つだけでした。その種目とは何でしょうか？　次の3つから選びなさい。

　　㋐ 走り幅とび　　㋑ やり投げ　　㋒ 短きょり走

国のようすを知ろう
- **国名** ギリシャ共和国
- **首都** アテネ
- **面積** 約13.2万km²（日本の約0.3倍）
- **人口** 約1136万人

国旗を知ろう
国旗の意味　青は青空とエーゲ海，白は純潔を表します。9本のしまは，「自由か死か」のギリシャ語の9音節を表すそうです。

色をぬって，位置をたしかめよう

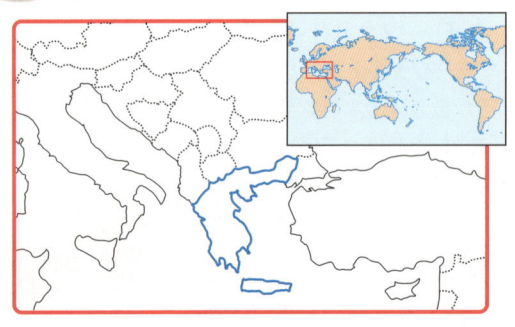

有名なこと・もの，キーワード
- **パルテノン神殿**
　パルテノン神殿は，アテネのアクロポリスのおかにある大理石でできた神殿で，美しい彫刻がほどこされています。約2500年も前の建物で，世界遺産にも登録されています。

36 ヨーロッパ 永世中立国！ スイス

　スイスは，戦争が起こっても自分の国を守る以外には戦争に参加せず，中立の立場をとることを宣言していて，それを世界中の国から認められています。こうした国のことを「永世中立国」といいます。非常事態に備えて，国民はみんな兵隊としての訓練を受けることになっています。さて，そんなスイスの国土の多くをしめているのがアルプス山脈。4000mをこす美しい山々が連なっています。そんなアルプス山脈の中で一番高い山の名前を何というでしょうか？　ケーキの名前にもなっていますよ。次の3つから選びなさい。

- ㋐ ロブソン
- ㋑ モンブラン
- ㋒ エベレスト

国のようすを知ろう

- **国名** スイス連邦
- **首都** ベルン
- **面積** 約4.1万km²（日本の約0.1倍）
- **人口** 約766万人

国旗を知ろう

国旗の意味 赤いたてに白十字の標識に由来しています。赤地は生死をかけた主権と力，白い十字架はキリスト教の精神を表します。

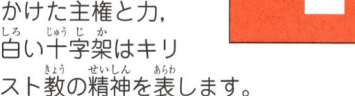

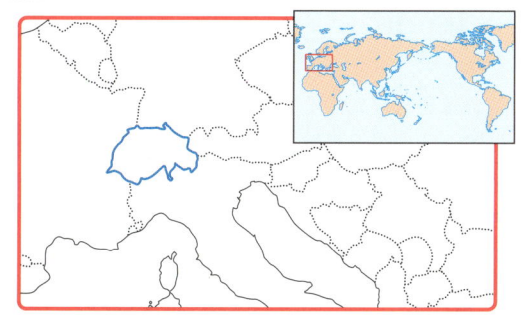

色をぬって，位置をたしかめよう

有名なこと・もの，キーワード

- **時計産業**
　アルプス山脈とジュラ山脈が連なり，のどかな牧草地の広がるスイスは空気がきれいなため，精密機械工業が栄えてきました。「ロレックス」「オメガ」という世界的に有名な高級時計のブランドがありますが，これらのメーカーの時計もスイスで作られています。

答 ㋑（モンブランはケーキの名前にもなっている）

第3章 世界の国々をくわしく知ろう！

37 ヨーロッパ ザビエルの出身国！ スペイン

　16世紀，日本にはじめてキリスト教を伝えたのは，スペイン出身のフランシスコ・ザビエルだといわれています。ザビエルは鹿児島（薩摩）に上陸し，キリスト教を広める活動を行いました。全く言葉も通じず，習慣もちがう日本で，ザビエルはキリスト教を広めるとともに，異文化を日本に伝えました。さて，ザビエルの生まれた国スペインでは，1日に5回の食事をとり，昼食のあとには昼寝をすることが習慣となっています。昼寝のことをスペイン語で何というでしょうか？ 次の3つから選びなさい。

- ア シエスタ
- イ パエリア
- ウ ボーノ

国のようすを知ろう

- **国名** スペイン
- **首都** マドリード
- **面積** 約50.6万km²（日本の約1.3倍）
- **人口** 約4608万人

国旗を知ろう

国旗の意味 真ん中の紋章は，イベリア半島の5つの王国の紋章を組み合わせたものです。赤は血を，黄は豊かな国土を表しているそうです。

色をぬって，位置をたしかめよう

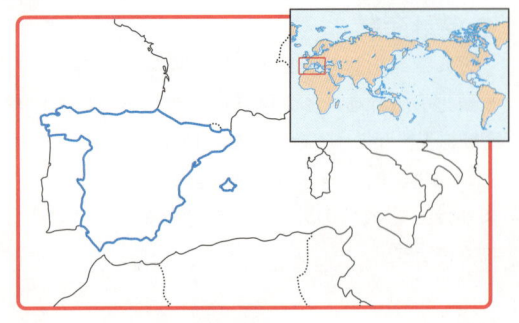

有名なこと・もの，キーワード

- **闘牛**
　牛と牛，牛と人をたたかわせる闘牛は，スペインの伝統的な文化です。闘牛士はマタドールと呼ばれ，人々から尊敬されてきました。しかし，近年は「闘牛禁止法」が成立するなどして闘牛を禁止する動きが高まっていて，闘牛の文化がおとろえつつあります。

答え ア（スペイン料理の1つ，「おいしい」を表すイタリア語）

第3章 世界の国々をくわしく知ろう！

38 ヨーロッパ 偉大な音楽家ベートーベン！ ドイツ

　ドイツは，1990年に1つに統一される前，西と東の2つの国に分かれていました。さらにそのずっと前は，神聖ローマ帝国と呼ばれていました。その神聖ローマ帝国時代の1770年に生まれたベートーベンは，「運命」という曲を作った有名な作曲家です。みなさんも音楽室で肖像画を見たことがあるかと思います。では，ベートーベンの肖像画はどれでしょうか？　次の3つから選びなさい。

ア　イ　ウ

国のようすを知ろう
- **国名** ドイツ連邦共和国
- **首都** ベルリン
- **面積** 約35.7万km²（日本の約0.9倍）
- **人口** 約8230万人

国旗を知ろう
国旗の意味 ナポレオン軍と戦った軍の服の「黒服，赤い肩章，金ボタン」に由来し，黒・赤・黄は，勤勉・情熱・名誉を象徴しているそうです。

色をぬって，位置をたしかめよう

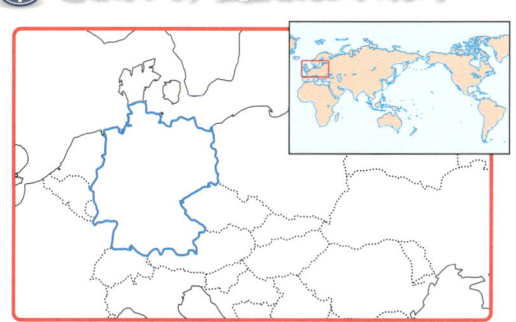

有名なこと・もの，キーワード
- **ドイツ料理**
　ドイツ料理といえば，ソーセージとビール。ドイツでは，ビールを16才から飲めるということです。そんなドイツの人が，ソーセージといっしょに食べるのがザワークラウトで，これはキャベツを酢につけてはっこうさせたドイツの伝統的な家庭料理です。

答え　ウ（ア：バッハ，イ：モーツァルト）

第3章 世界の国々をくわしく知ろう！

39 ヨーロッパ 世界一小さい国！ バチカン市国

　バチカン市国は，イタリアの首都ローマの中にある世界で最も小さい国です。イエス・キリストの弟子たちのリーダーであった聖ペトロがこの地で亡くなったとされていることから，カトリック教会の中心地となっています。また，この聖ペトロのお墓があったとされる場所に建てられたサン・ピエトロ大聖堂の他，ローマ教皇の住むバチカン宮殿などがあり，国全体が世界遺産に登録されています。バチカン市国は，ローマ教皇が代々治めています。では，このバチカン市国の大きさに最も近いのはどれでしょうか？　次の3つから選びなさい。

- ㋐ 東京ディズニーランド
- ㋑ 日本武道館
- ㋒ 東京都

🔆 国のようすを知ろう

- 国名　バチカン市国
- 首都　なし
- 面積　約0.44km²（東京ドームの約9倍）
- 人口　約500人

🚩 国旗を知ろう

国旗の意味　国旗の黄と白は法王庁の衛兵のぼうしの色と同じ。金銀のかぎとかんむりは，カトリック教会の首長，バチカンの元首であるローマ教皇のシンボルです。

🧭 色をぬって，位置をたしかめよう

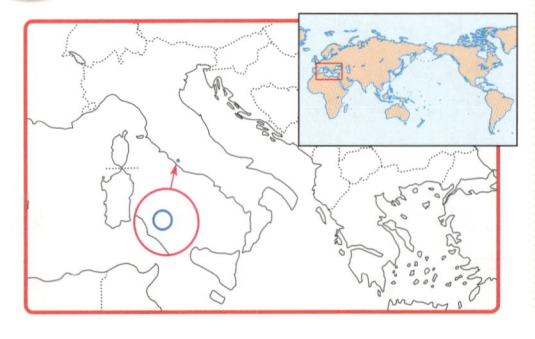

📖 有名なこと・もの，キーワード

- ● システィーナ礼拝堂

　サン・ピエトロ大聖堂のとなりにあるバチカン宮殿の中に建てられた礼拝堂です。祭壇には，イタリアの画家ミケランジェロの「最後の審判」という絵がえがかれています。また，「ヴィーナスの誕生」で有名なボッティチェリもかべに絵をえがいています。

答え ㋐（㋐は0.5km²，㋑は0.02km²，㋒は2189km²）

第3章 世界の国々をくわしく知ろう！

40 ヨーロッパ 金平糖（こんぺいとう）は何語（なにご）？ ポルトガル

「金平糖」は，何語か知っていますか？ 漢字で書くので日本語だと思っていた人もいるかもしれませんが，「金平糖」はポルトガル語です。ポルトガルはヨーロッパではじめて世界航海に出て，世界各地への航路を発見した国です。1543年には日本の種子島にやってきて，鉄砲を伝えました。その後も日本とポルトガルとの交流は続き，ポルトガルの文化とともにさまざまなポルトガル語が伝わりました。「金平糖」もその1つというわけです。では，どのような言葉がポルトガルから伝わってきたのでしょうか？ 次の3つから選びなさい。

- ア カッパ
- イ ズボン
- ウ エプロン

国のようすを知ろう
- **国名** ポルトガル共和国
- **首都** リスボン
- **面積** 約9.2万km²（日本の約0.2倍）
- **人口** 約1068万人

国旗を知ろう
国旗の意味 緑は誠実と希望と勇敢な騎士，赤は勇気と血を表します。紋章には天球儀や7つの城，たてなどがえがかれているということです。

色をぬって，位置をたしかめよう

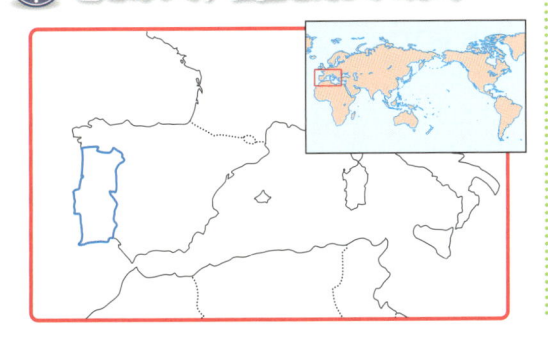

有名なこと・もの，キーワード
- **バスコ・ダ・ガマ**（1469？～1524年）
15世紀中ごろから17世紀中ごろにかけて，ヨーロッパの各国が海外進出に乗り出し，大航海時代が始まりました。バスコ・ダ・ガマはポルトガルの航海者・探検家で，アフリカの喜望峰を回るインド航路を発見しました。この発見で，ポルトガルの船が日本にやってくるようになりました。

答え ア（カッパ）イ（ズボン）ウ（エプロン）は英語

41 ヨーロッパ ノーベル賞はこの国で！ スウェーデン

　ノーベル賞の授賞式は，スウェーデンの首都ストックホルムで行われます。2008年は，南部博士，益川博士，小林博士がノーベル物理学賞を，下村博士がノーベル化学賞を受賞し，1度に4人の日本人がノーベル賞を受賞するというすばらしい年になりました。ノーベル賞は，スウェーデンの化学者ノーベルの遺言にしたがって1901年に創設されたものです。物理学，化学，生理学・医学，文学，平和，経済学ですぐれた功績を残した人物におくられます。さて，創始者ノーベルは何を発明した化学者でしょうか？　次の3つから選びなさい。

- ⑦ エンジン
- ⑦ 電話
- ⑦ ダイナマイト

国のようすを知ろう
- 国名　スウェーデン王国
- 首都　ストックホルム
- 面積　約45.0万km²（日本の約1.2倍）
- 人口　約938万人

国旗を知ろう
国旗の意味　青はすんだ空・湖，金はキリスト教・自由・独立とかがやく太陽を表すといわれています。「金十字旗」と呼ばれています。

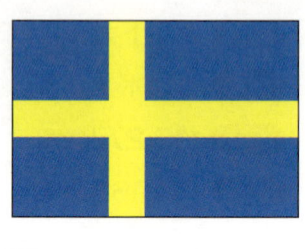

色をぬって，位置をたしかめよう

有名なこと・もの，キーワード
● 児童文学
　スウェーデンの児童文学作品には，世界中の子どもたちに読まれている名作がたくさんあります。『長くつしたのピッピ』『ニルスのふしぎな旅』『小さなバイキング　ビッケ』などです。これらの作品は日本語に訳されて，日本の子どもたちにも親しまれています。

第3章 世界の国々をくわしく知ろう！

42 ヨーロッパ アンデルセンの故郷！ デンマーク

『みにくいアヒルの子』『マッチ売りの少女』『はだかの王様』。これらは，どれもデンマークの作家アンデルセンが書いたものです。アンデルセンの童話は，世界中の子どもたちに読まれています。さて，デンマークの首都コペンハーゲンの港には，アンデルセンの童話に登場するある人物の銅像があります。いったいだれの銅像でしょうか？ 次の3つから選びなさい。

- ア 雪の女王
- イ 親指ひめ
- ウ 人魚ひめ

国のようすを知ろう

- 国名　デンマーク王国
- 首都　コペンハーゲン
- 面積　約4.3万km²（日本の約0.1倍）
- 人口　約555万人

国旗を知ろう

国旗の意味　デンマークの国旗は世界最古の国旗の1つです。ローマ教皇が十字軍にさずけた旗をもとにつくられたものです。

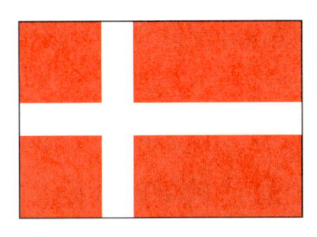

色をぬって，位置をたしかめよう

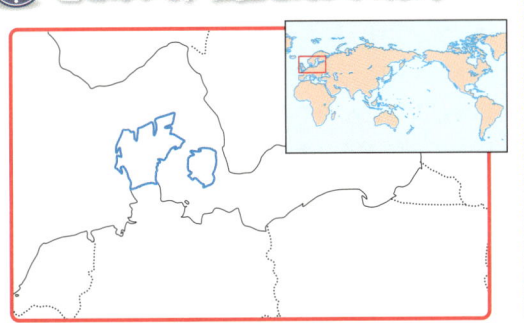

有名なこと・もの，キーワード

● グリーンランド

グリーンランドは，北極海と北大西洋の間にある世界最大の島です。デンマーク本土からはなれていますが，グリーンランドはデンマークの領土です。島の大部分は北極圏内にあり，氷河と万年雪におおわれています。そのため，人が住む場所は沿岸部に限られています。

43 真夜中でも明るい！ ノルウェー （ヨーロッパ）

　ノルウェーは，ヨーロッパで最も北にある国の1つです。国土の約3分の1は北極圏内にあって，冬にはきれいなオーロラも見られます。また，夏には夜になっても太陽がしずまない日が何日も続きます。世界のほとんどの国では，昼は太陽が出ていて明るくても夜になれば太陽がしずんで暗くなります。ところが，ノルウェーの北部では，夏の何日間かは真夜中でもうっすらと明るいのです。このような夜になっても太陽がしずまない現象を何というでしょうか？　次の3つから選びなさい。

- ア　黒夜（こくや）
- イ　白夜（びゃくや）
- ウ　赤夜（せきや）

国のようすを知ろう

- 国名　ノルウェー王国
- 首都　オスロ
- 面積　約32.4万km²（日本の約0.9倍）
- 人口　約488万人

国旗を知ろう

国旗の意味　赤地に白十字は国を支配していたデンマークの国旗（赤地に白十字），その上に重ねられた青い十字はノルウェーの海を表します。

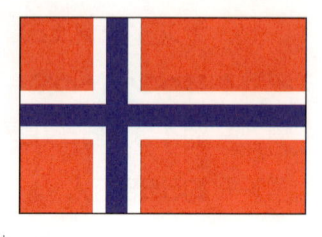

色をぬって，位置をたしかめよう

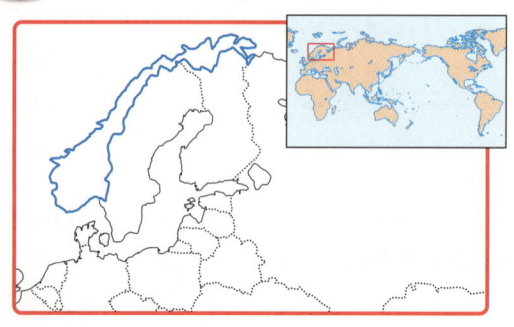

有名なこと・もの，キーワード

● フィヨルド

　フィヨルドは，氷河によってけずられた深い谷に，海水が入りこんでできた湾のことをいいます。ノルウェーにあるスカンディナビア半島のフィヨルドは有名です。ノルウェーの西北部のソグネフィヨルドは，海面からの高さが1000mをこえるところもあります。

第3章 世界の国々をくわしく知ろう！

44 ヨーロッパ サンタクロースの国！ フィンランド

　世界の国の子どもたちは，クリスマスをとても楽しみにしています。クリスマスのプレゼントを運んでくるのは，トナカイのそりに乗ったサンタクロースですね。そのサンタクロースが住んでいるとされているのが，フィンランドのコルバトゥントゥリという山です。北極圏の境界線上にあるロバニエミには，サンタクロース村があり，世界中の子どもたちから手紙が届きます。さて，サンタクロースのふるさとフィンランドでは，フィンランド語が話されていますが，フィンランド語で「ありがとう」は何というでしょうか？　次の3つから選びなさい。

- ア　グラーシアス
- イ　ナマステー
- ウ　キートス

国のようすを知ろう
- **国名** フィンランド共和国
- **首都** ヘルシンキ
- **面積** 約33.8万km²（日本の約0.9倍）
- **人口** 約536万人

国旗を知ろう
国旗の意味 青は湖とすんだ空，白は清らかな雪を象徴しているそうです。公式のときは，十字の中心にライオンの紋章をつけた旗を使います。

色をぬって，位置をたしかめよう

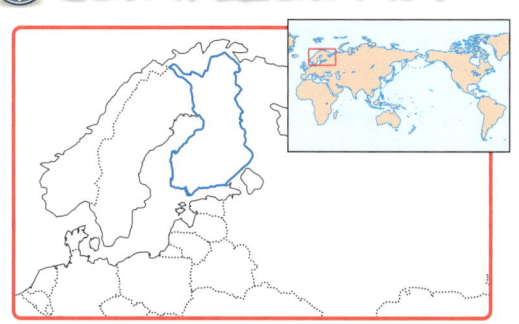

有名なこと・もの，キーワード
● **携帯電話**
　フィンランドは，森が国土の70％以上をしめていて，森と湖の国といわれるほど，緑と水の豊かな国です。一方で，IT産業のさかんな国でもあります。フィンランドには，世界的な携帯電話メーカーである「ノキア」があり，国をあげてIT産業の発展に力を入れています。

答え ⓒ（フィンランド語の「ありがとう」は「キートス」，アはスペイン語の「ありがとう」）

第3章 世界の国々をくわしく知ろう！

45 ヨーロッパ 世界一長いシベリア鉄道！ ロシア

ロシアは国土面積が世界一の国。ロシアの広大な国土を東西に走っているシベリア鉄道は，全長約9297kmもある世界一長い鉄道です。飛行機ができるまでは，ヨーロッパとアジアを最も速く結ぶ路線として，たくさんの人と貨物を運んできました。現在もモスクワとウラジオストクを列車が行き来していますが，この間を走るのに，どれだけかかるでしょうか？　次の3つから選びなさい。

- ㋐ 一週間
- ㋑ 一か月
- ㋒ 半年

国のようすを知ろう
- **国名** ロシア連邦
- **首都** モスクワ
- **面積** 約1709.8万km²（日本の約45倍）
- **人口** 約1億4296万人

国旗を知ろう
国旗の意味 白は高貴と率直，青は名誉と純潔性，赤は愛と勇気を表すといわれています。

色をぬって，位置をたしかめよう

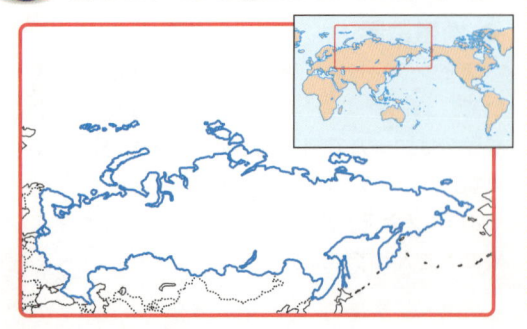

有名なこと・もの，キーワード
- **チャイコフスキー（1840～93年）**
チャイコフスキーはロシアの作曲家です。ロシアはバレエがさかんな国。チャイコフスキーはバレエ『白鳥の湖』『ねむれる森の美女』など，有名な曲をいくつも作りました。

第3章 世界の国々をくわしく知ろう！

南北アメリカ
46 宇宙を目指せ！ アメリカ

　1969年7月20日，アメリカの宇宙船アポロ11号が月に着陸し，アームストロング船長が人類で初めて月面を歩きました。人類が宇宙に歴史的な一歩をふみだした瞬間でした。このあと1972年までに6度，宇宙船アポロは宇宙飛行士を乗せて月へと行きました。現在，アメリカは火星や土星の探査計画や国際宇宙ステーションの建設計画などを進めています。こうしたアメリカの宇宙開発に関わる計画を担当している機関を，アルファベット4文字で何というでしょうか？　次の3つから選びなさい。

　ア　CNSA　　イ　NASA　　ウ　JAXA

国のようすを知ろう
- **国名** アメリカ合衆国
- **首都** ワシントンD.C.
- **面積** 約962.9万km²（日本の約25倍）
- **人口** 約3億1038万人

国旗を知ろう
国旗の意味 赤の7本のしまと白の6本のしまは独立したときの州の数を，50の星は現在の州の数を表しています。

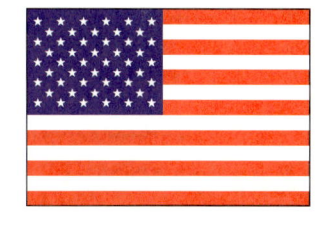

色をぬって，位置をたしかめよう

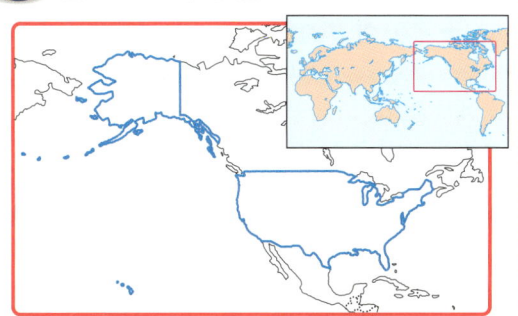

有名なこと・もの，キーワード
- **リンカーン（1809～65年）**
　エイブラハム・リンカーンは，アメリカの第16代大統領です。黒人を奴隷として使うことに反対し，南北戦争のあと「奴隷解放宣言」を行い，黒人を奴隷の立場から解放しました。

答え　イ　NASA（⑦中国，⑨日本の宇宙開発を中心に行う機関）

南北アメリカ
47 サトウカエデから何ができる？ カナダ

　カナダは，世界第2位の面積をもつ国です。カナダは森林が多く，日本にも多くの木材を輸出しています。緑豊かなカナダだけあって，国旗の真ん中にはサトウカエデの葉がデザインされています。メイプルシロップはそのサトウカエデの木のみつをつめて作ったもので，ホットケーキやワッフルなどにかけてよく食べられています。では，サトウカエデの木はどれでしょうか？　次の3つから選びなさい。

ア　イ　ウ

国のようすを知ろう
- 国名　カナダ
- 首都　オタワ
- 面積　約998.5万km²（日本の約26倍）
- 人口　約3402万人

国旗を知ろう
国旗の意味　中央にあるのはサトウカエデの葉です。両はしの赤は太平洋と大西洋を表します。

色をぬって，位置をたしかめよう

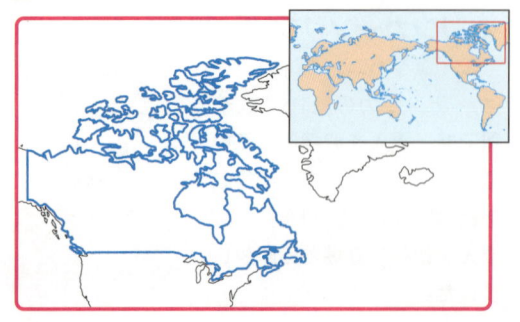

有名なこと・もの，キーワード
- **ナイアガラのたき**
　ナイアガラのたきは，カナダのオンタリオ州とアメリカのニューヨーク州との国境にあります。ナイアガラのたきには3つのたきがあり，その1つのカナダたきの落差は約50m。水がたきつぼに流れ落ちるようすはたいへん迫力があり，観光名所となっています。

答え　⑦ウのサトウカエデの木，（⑦はしの木，①はオリーブの木）

第3章 世界の国々をくわしく知ろう！

48 サボテンのしげる国！ メキシコ

南北アメリカ

メキシコは，アメリカのとなりにある国です。メキシコの正式な国名は「メキシコ合衆国」。国名に「合衆国」とつくのは，メキシコとアメリカだけです。メキシコの中部には，世界遺産に登録されている古代都市テオティワカンの遺跡があります。また，北部と西部の大部分は砂漠になっていて，サボテンが生いしげっています。メキシコでは，サボテンを薬や染料として用いたり食べたりしています。そんなメキシコの民族衣装を何というでしょうか？ 次の3つから選びなさい。

- ア ポンチョ
- イ ルバシカ
- ウ アノラック

🔆 国のようすを知ろう

- **国名** メキシコ合衆国
- **首都** メキシコシティ
- **面積** 約196.4万km²（日本の約5.2倍）
- **人口** 約1億1342万人

🚩 国旗を知ろう

国旗の意味 緑は独立・希望，白は宗教的な純粋さ，赤は統一を表します。中央の国章は，アステカの首都の創設を示しています。

🧭 色をぬって，位置をたしかめよう

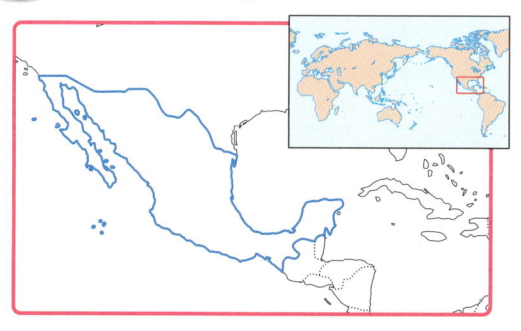

📖 有名なこと・もの，キーワード

- **アステカ帝国**
  14世紀から16世紀にかけて，現在のメキシコシティを中心に栄えた国です。マヤ文明を受けついで巨大なピラミッドの神殿を建設し，神官を中心にして周辺を支配していきました。1521年にアステカ帝国はほろび，そのあとはスペインに支配されるようになりました。

答え ア（ポンチョ。イはロシアの民族衣装，ウはイヌイットの民族衣装）

第3章 世界の国々をくわしく知ろう！

南北アメリカ
49 広いぞラプラタ川！ アルゼンチン

　アルゼンチンは，南米で2番目に大きい国です。そのアルゼンチンを流れているラプラタ川は，約270kmもある世界一の河口の幅をもつ川です。ラプラタ川は，パラナ川，ウルグアイ川，パラグアイ川が合流した下流部分の川の名前で，スペイン語で「銀の川」という意味です。流域面積は約310万km²と，世界第4位の広さとなっています。ところで，このラプラタ川の河口の幅の分だけ新幹線で進んだとすると，東京駅からどの辺りの駅まで行けるでしょうか？　次の3つから選びなさい。

- ㋐ 新横浜（神奈川県）
- ㋑ 浜松（静岡県）
- ㋒ 新大阪（大阪府）

国のようすを知ろう
- **国名** アルゼンチン共和国
- **首都** ブエノスアイレス
- **面積** 約278.0万km²（日本の約7.4倍）
- **人口** 約4041万人

国旗を知ろう
国旗の意味 青と白はスペイン軍の侵攻を撃退したときの軍服の色で，上下の空色は海と空を表します。中央の紋章は独立運動のシンボルです。

色をぬって，位置をたしかめよう

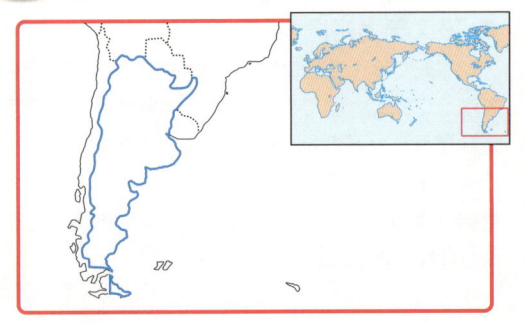

有名なこと・もの，キーワード
- **パンパ**
ラプラタ川の流域に広がる草原地帯を，「パンパ」といいます。パンパでは，小麦やトウモロコシが栽培されています。また，牧畜もさかんで，たくさんの牛が飼育されています。このパンパで牧畜を行って暮らしていた人々のことを，「ガウチョ」といいます。

答え（東京駅からの距離は，㋐約29km，㋑約257km，㋒約515km）

第3章 世界の国々をくわしく知ろう！

南北アメリカ
50 ガラパゴス諸島！ エクアドル

　ガラパゴス諸島は，太平洋上にあるエクアドル領の島々です。自然科学者のダーウィンはこの島で「進化論」のヒントを得ました。「進化論」とは，「生物は長い時間をかけてしだいに変化していき，環境に合うように変わっていく」という考えのことです。ガラパゴス諸島には，ウミイグアナやガラパゴスゾウガメなどのめずらしい動物が暮らしています。ガラパゴスゾウガメはどれでしょうか？　次の3つから選びなさい。

㋐　　㋑　　㋒

🔆 国のようすを知ろう
- **国名** エクアドル共和国
- **首都** キト
- **面積** 約25.6万km²（日本の約0.7倍）
- **人口** 約1447万人

🚩 国旗を知ろう
国旗の意味 黄色は富と太陽，青は空と海，赤は独立のために流された血を表すそうです。紋章にはコンドルやチンボラソ山がえがかれています。

🧭 色をぬって，位置をたしかめよう

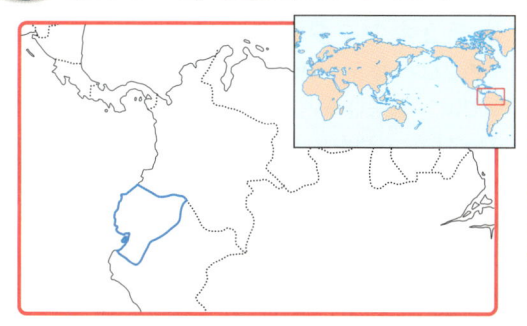

📖 有名なこと・もの，キーワード
- **赤道**

「エクアドル」は，スペイン語で「赤道」という意味です。その名の示すとおり，エクアドルの北部には赤道が通っています。エクアドルは赤道直下の暑い国ですが，コトパクシ山，チンボラソ山などの火山の頂上には氷河があり，夏でも雪が残っています。

答え ㋒（㋐はスッポン，㋑はウミガメ）

083

第3章 世界の国々をくわしく知ろう！

南北アメリカ
51 イースター島のモアイ像！ チリ

チリの地形は細長く，北のはしから南のはしまでは約4270kmもあります。また，チリ本土から約3760kmはなれたところにも領土があります。それがイースター島です。太平洋にうかぶイースター島は，モアイ像で有名です。モアイ像は人の顔をほった巨大な石像で，島の高台にいくつもの像が建てられています。しかし，何のためにこのモアイ像がつくられたのかはわかっていません。ところで，最も大きなモアイ像は何mあるでしょうか？ 次の3つから選びなさい。

⑦ 約3m　　④ 約10m　　⑦ 約20m

国のようすを知ろう
- 国名　チリ共和国
- 首都　サンティアゴ
- 面積　約75.6万km²（日本の約2.0倍）
- 人口　約1711万人

国旗を知ろう
国旗の意味　白は雪，青は空，赤は人々のぎせいを表します。白い星はインディアンの名誉のシンボルで，5つのとんがりは5つの地方を示すそうです。

色をぬって，位置をたしかめよう

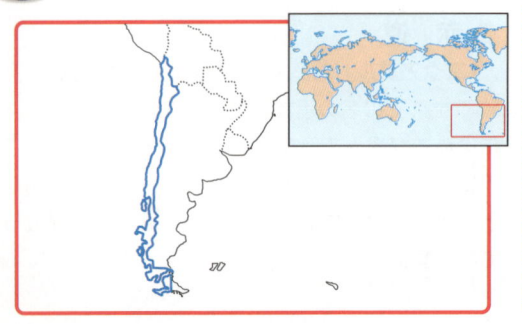

有名なこと・もの，キーワード
● チュキカマタ銅山
　チリは，世界一の銅の生産量をほこります。チリでは，銅をほるときにうずを巻くようにほりすすめていく方法をとっています。これを「露天ぼり」といいますが，アタカマ砂漠にあるチュキカマタ銅山は，世界最大の露天ぼりによる銅山です。

第3章 世界の国々をくわしく知ろう！

南北アメリカ
52 太平洋と大西洋をつなぐ！ パナマ

　パナマは，北アメリカと南アメリカの境にある国です。そのパナマにあるのがパナマ運河で，太平洋と大西洋をつないでいます。全長は約80km，幅は約90〜200mもあり，大型船も通ることができます。アメリカが10年もかかって建設を進め，1914年に開通しました。海上交通の要所であるパナマ運河をアメリカが長らく支配してきましたが，1999年にパナマに返還されました。さて，太平洋からパナマ運河を通る船は，大西洋のどこに出るでしょうか？次の3つから選びなさい。

　㋐ カリブ海　　㋑ オホーツク海　　㋒ アラビア海

国のようすを知ろう
- **国名** パナマ共和国
- **首都** パナマシティ
- **面積** 約7.5万km²（日本の約0.2倍）
- **人口** 約352万人

国旗を知ろう
国旗の意味 赤と青は独立当時の二大政党の自由党と保守党，白は平和，青い星は忠誠，赤い星は政治の権威と国の発展を表しています。

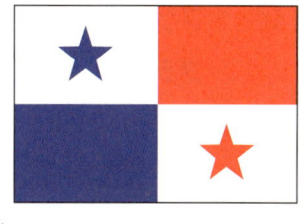

色をぬって，位置をたしかめよう

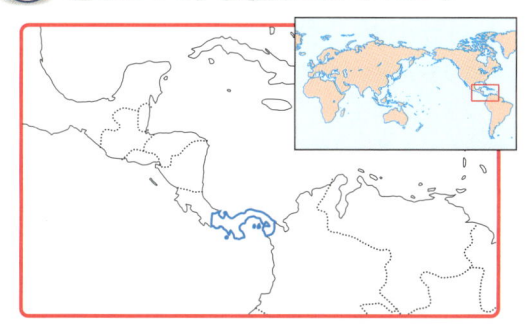

有名なこと・もの，キーワード
- **3回の独立**
　パナマは1821年にスペインからの独立を果たし，コロンビアの一員となりました。そして1903年にコロンビアからパナマ共和国として独立しました。その後アメリカがパナマ運河の管理権をにぎっていましたが，1999年に返還されたことにより，アメリカからも完全に独立しました。

第3章 世界の国々をくわしく知ろう！

南北アメリカ
53 アマゾン川の熱帯雨林！ ブラジル

　ブラジルを流れるアマゾン川は，世界最大の流域面積をほこる川です。そのアマゾン川の流域には，熱帯雨林が広がっています。熱帯雨林は，特に雨の多い地域にできた森林のことで，光合成によって二酸化炭素を吸収し，酸素を放出しています。このことから，ブラジルの熱帯雨林は「地球の肺」と呼ばれています。しかし，この熱帯雨林が今，放牧や開発などにより減少しつつあります。さて，この熱帯雨林の川にはピラニアという魚が生息していますが，「ピラニア」は先住民インディオの言葉でどんな意味でしょうか？　次の３つから選びなさい。

　㋐ 肉を食べる魚　　㋑ 歯のある魚　　㋒ 血を吸う魚

国のようすを知ろう
- 国名　ブラジル連邦共和国
- 首都　ブラジリア
- 面積　約851.5万km²（日本の約23倍）
- 人口　約1億9495万人

国旗を知ろう
国旗の意味　緑は森林資源と農業，黄は鉱物資源を表します。円の中の南十字星と27の星はブラジリアと26の州を表しています。

色をぬって，位置をたしかめよう

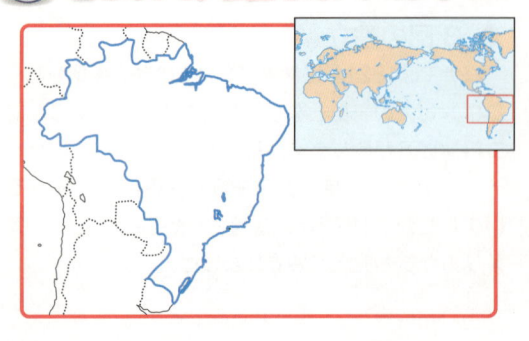

有名なこと・もの，キーワード
- **リオのカーニバル**
　ブラジルといえば，リオのカーニバル。毎年2月か3月の4日間，ブラジルの各地でカーニバルが行われます。リオデジャネイロで開かれるリオのカーニバルは，その中でも最大のものです。陽気なサンバのリズムに合わせて，きらびやかな衣装を着た人たちが歌いおどるお祭りです。

第3章 世界の国々をくわしく知ろう！

南北アメリカ
54 世界最大の落差のたき！ ベネズエラ

　ベネズエラは南アメリカ北部にある自然豊かな国です。ギアナ高地のテーブルマウンテンという台形状の山々には，4000種の植物が生息するといわれています。また，ギアナ高地にはエンジェルフォールというたきがあります。このたきは世界最大の落差のあるたきで，その高さはなんと約979m。あまりにも高いので，下まで水が落ちる間に空中に拡散してきりになってしまうということです。そのため，たきつぼがないめずらしいたきです。さて，このエンジェルフォールと高さがいちばん近いのは，どのビルでしょうか？ 次の3つから選びなさい。

- ㋐ エンパイアステートビル
- ㋑ 台北101
- ㋒ ブルジュ・ハリファ

🔎 国のようすを知ろう
- **国名** ベネズエラ・ボリバル共和国
- **首都** カラカス
- **面積** 約91.2万km²（日本の約2.4倍）
- **人口** 約2898万人

🚩 国旗を知ろう
国旗の意味 黄は豊かな資源と祖国愛，青はカリブ海と不屈の精神，赤は独立闘争で流れた血と勇気を象徴。8個の星は，独立当時の州などを表します。

🧭 色をぬって，位置をたしかめよう

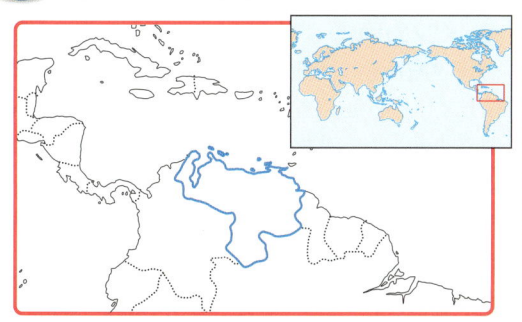

📖 有名なこと・もの，キーワード
● **マラカイボ湖**
　マラカイボ湖は，ベネズエラの北西部にある湖です。1918年に油田が発見されました。マラカイボ湖で産出される石油は，ベネズエラの経済を支えています。また，音を出さないふしぎなかみなりがたびたび発生していて，船乗りたちには「マラカイボの灯台」と呼ばれていました。

答え ㋒（㋐は443m，㋑は509m，㋒は828m）

第3章 世界の国々をくわしく知ろう！

南北アメリカ

55 ナスカの地上絵！ ペルー

　ペルーの高原には，ナスカの地上絵と呼ばれるふしぎな絵がえがかれています。地上からでは何がえがいてあるのかまったくわからず，飛行機などに乗って空中から見てはじめて，全体像がわかるほど巨大な絵です。しかし，だれが何のためにこのような巨大な絵をえがいたのかは，なぞにつつまれています。このナスカの地上絵には，さまざまな動植物や，直線や曲線を使った幾何学的な模様がえがかれています。では，ナスカの地上絵にはどんな動物がえがかれているでしょうか？　次の3つから選びなさい。

　　ア　コンドル　　イ　ゾウ　　ウ　ライオン

国のようす知ろう
- **国名** ペルー共和国
- **首都** リマ
- **面積** 約128.5万km²（日本の約3.4倍）
- **人口** 約2908万人

国旗を知ろう
国旗の意味 白は平和と名誉と進歩，赤は勇気と愛国心を象徴。紋章にはビクーニャという動物やキニーネという木などがえがかれています。

色をぬって，位置をたしかめよう

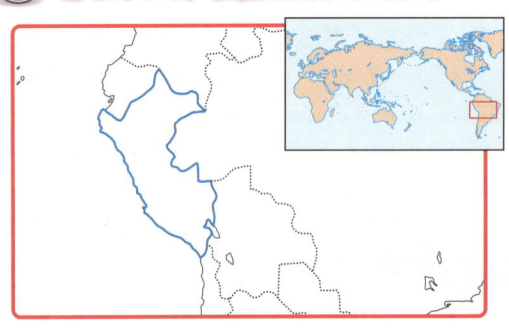

有名なこと・もの，キーワード
- **インカ帝国**
　15世紀から16世紀前半にかけて，インカ帝国が栄えていました。インカとは「太陽の子」という意味で，インカの王を中心に，アンデス山脈一帯を支配していました。高い文明をほこっていて，当時のままの姿を残す空中都市マチュピチュの遺跡は，世界遺産にも登録されています。

第3章 世界の国々をくわしく知ろう！

南北アメリカ
56 ラパスの空港は世界一高い！ ボリビア

　南アメリカにあるボリビアの首都ラパスは，世界でいちばん高いところにある首都として有名です。その高さは標高約3600m。ラパスには，エル・アルトという空港もあります。「エル・アルト」はスペイン語で「高地」という意味です。その名のとおり，世界でいちばん高い標高4061mにある空港です。標高が4000mをこえるので空気がうすく，飛行機を降りると高山病にかかってしまう人もいるそうです。そこで，エル・アルト空港にはあるものが常に備えつけられています。さて，そのあるものとは何でしょうか？　次の3つから選びなさい。

⑦ 血圧計　　④ 聴診器　　⑦ 酸素ボンベ

国のようすを知ろう
- **国名**　ボリビア多民族国
- **首都**　ラパス
- **面積**　約109.9万km²（日本の約2.9倍）
- **人口**　約993万人

国旗を知ろう
国旗の意味　赤は独立のために流された血，黄色は鉱物資源，緑は森林資源を表すそうです。中央の紋章には，山や動物などが書きこまれています。

色をぬって，位置をたしかめよう

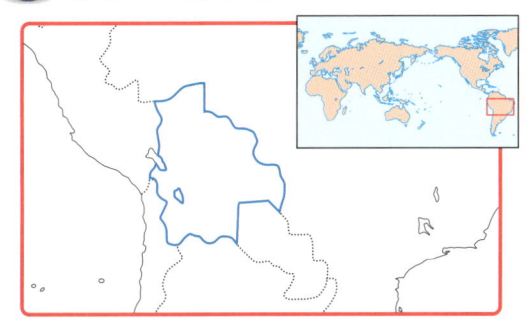

有名なこと・もの，キーワード
● **チチカカ湖**
　チチカカ湖は，ペルーとボリビアの国境にある湖です。湖は標高3812mのところにあり，汽船などが航行できる湖としては，世界でいちばん高い場所にあります。湖にはトトラと呼ばれるアシで作られた浮島がいくつもあり，そこに暮らしている人は，伝統的なアシ舟を使って漁を行っています。

第3章 世界の国々をくわしく知ろう！

クイズ・パズル！ かくれている都市（とし）は？

→ 下のマスには，71のカタカナが1つずつバラバラに書いてあります。しかし，よく見れば5つの有名な都市の名前がかくれています。何という都市がかくれていますか。縦に読むか，横に読むかすると都市の名前がわかります。ななめには読みません。

ヒント エジプト，ギリシャ，ドイツ，フランス，ロシアの都市の名前がかくれているよ。

シ	ニ	ト	プ	ヘ	マ	デ	ボ	ヌ
ウ	モ	ソ	ゼ	ホ	ケ	カ	イ	ロ
ヲ	ス	ペ	キ	ヒ	ジ	バ	メ	ポ
フ	ク	ユ	ノ	ハ	ゴ	グ	ナ	ア
ガ	ワ	ム	ベ	ビ	ゲ	ダ	ラ	テ
オ	ヅ	ザ	ル	エ	ヨ	ド	ブ	ネ
ピ	ミ	パ	リ	ヤ	ギ	ツ	ゾ	コ
✕	タ	サ	ン	ズ	ヂ	レ	チ	セ

( ) ( ) ( )
( ) ( )

答え カイロ，アテネ，ベルリン，パリ，モスクワ

090

第3章 世界の国々をくわしく知ろう！

クイズ・パズル！ 覚えたかな？ 世界の国々の名前と形

→「ヒント」を参考にして，それぞれの国の名前を答えなさい。

① （　　　　　）
ヒント：長ぐつの形に似たヨーロッパの国

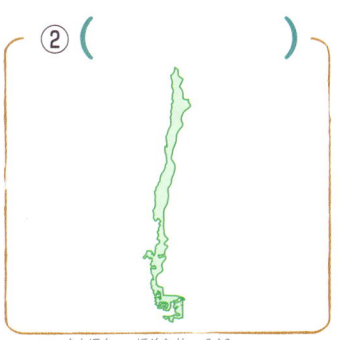

② （　　　　　）
ヒント：南北に細長い南アメリカの国

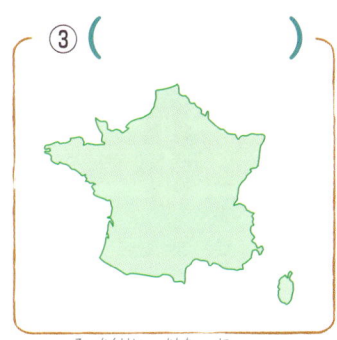

③ （　　　　　）
ヒント：六角形の形に似たヨーロッパの国

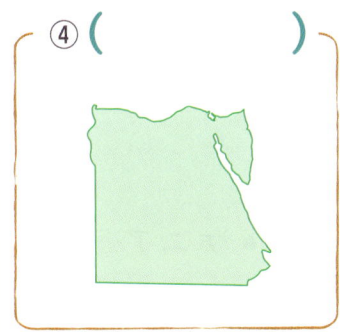

④ （　　　　　）
ヒント：四角形の形に似たアフリカの国

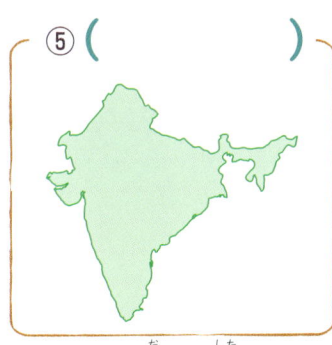

⑤ （　　　　　）
ヒント：べーと出した舌のような形をしたアジアの国

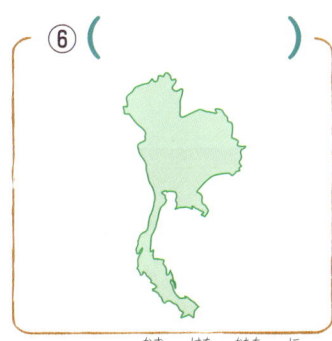

⑥ （　　　　　）
ヒント：ゾウの顔と鼻の形に似たアジアの国

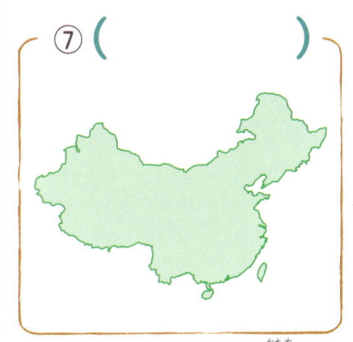

⑦ （　　　　　）
ヒント：にわとりのような形をしたアジアの国

⑧ （　　　　　）
ヒント：日本の形に似たオセアニアの国

⑨ （　　　　　）
ヒント：人の横顔のような形をしたヨーロッパの国

答え：①イタリア ②チリ ③フランス ④エジプト ⑤インド ⑥タイ ⑦中国 ⑧ニュージーランド ⑨ポルトガル

第3章 世界の国々をくわしく知ろう！

クイズ・パズル！

どこの国の国旗かな？

→ 左の国旗はどこの国のものですか。正しいものを選んで，線で結びましょう。

① ● ● アルゼンチン

② ● ● イギリス

③ ● ● ケニア

④ ● ● アメリカ

⑤ ● ● トルコ

答え ①ケニア ②アメリカ ③トルコ ④アルゼンチン ⑤イギリス

第4章

世界の国の面積，人口，文化を知ろう・覚えよう！

第4章 世界の国の面積，人口，文化を知ろう・覚えよう！

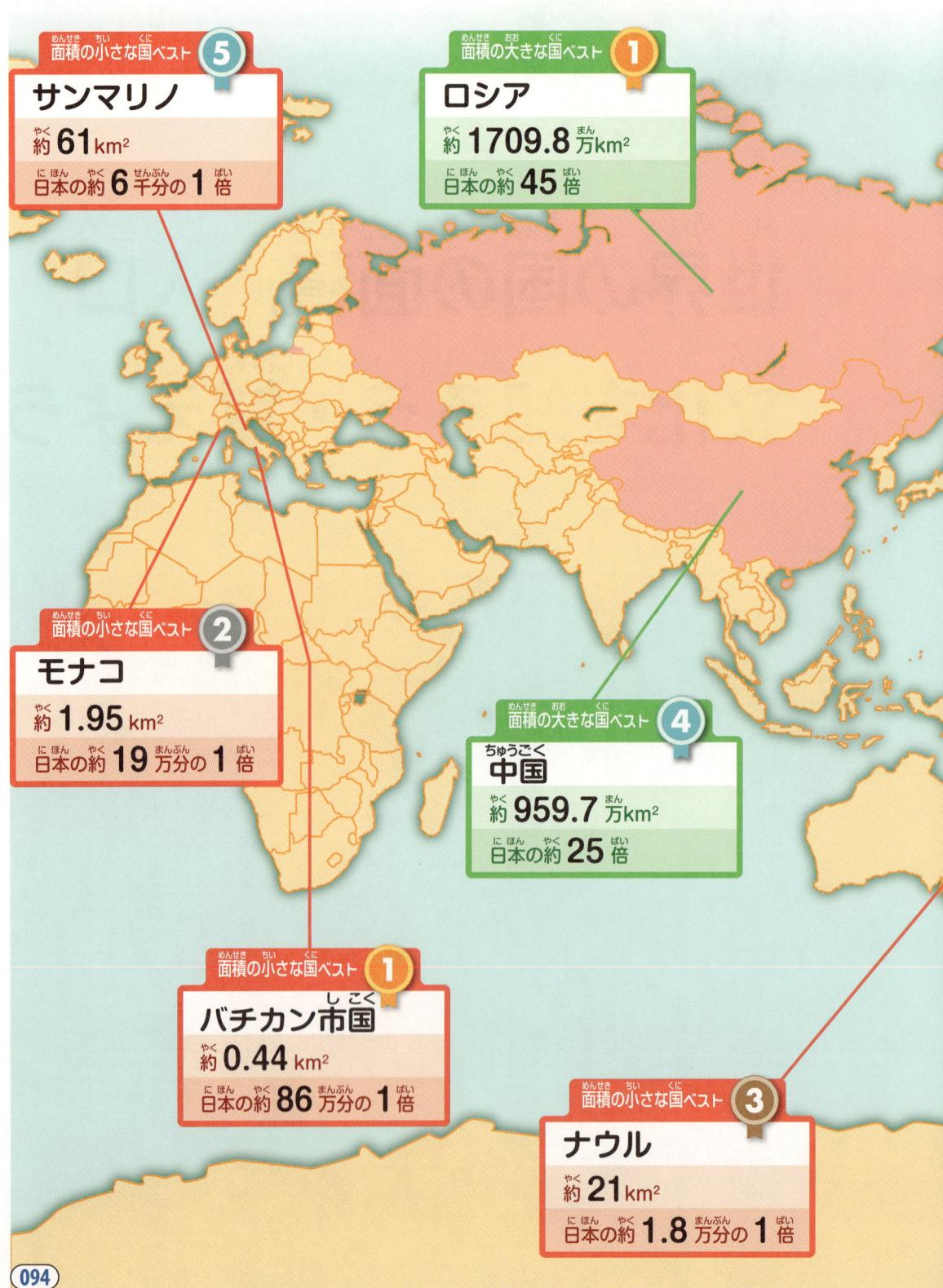

1 面積の大きい国と小さい国ベスト5

面積の小さな国ベスト ⑤
サンマリノ
約 61 km²
日本の約 6 千分の 1 倍

面積の大きな国ベスト ①
ロシア
約 1709.8 万 km²
日本の約 45 倍

面積の小さな国ベスト ②
モナコ
約 1.95 km²
日本の約 19 万分の 1 倍

面積の大きな国ベスト ④
中国
約 959.7 万 km²
日本の約 25 倍

面積の小さな国ベスト ①
バチカン市国
約 0.44 km²
日本の約 86 万分の 1 倍

面積の小さな国ベスト ③
ナウル
約 21 km²
日本の約 1.8 万分の 1 倍

第4章 世界の国の面積，人口，文化を知ろう・覚えよう！

面積の大きな国ベスト ③
アメリカ
約 **962.9** 万km²
日本の約 **25** 倍

面積の大きな国ベスト ②
カナダ
約 **998.5** 万km²
日本の約 **26** 倍

面積の大きな国ベスト ⑤
ブラジル
約 **851.5** 万km²
日本の約 **23** 倍

面積の小さな国ベスト ④
ツバル
約 **26** km²
日本の約 **1.5** 万分の **1** 倍

095

第4章 世界の国の面積，人口，文化を知ろう・覚えよう！

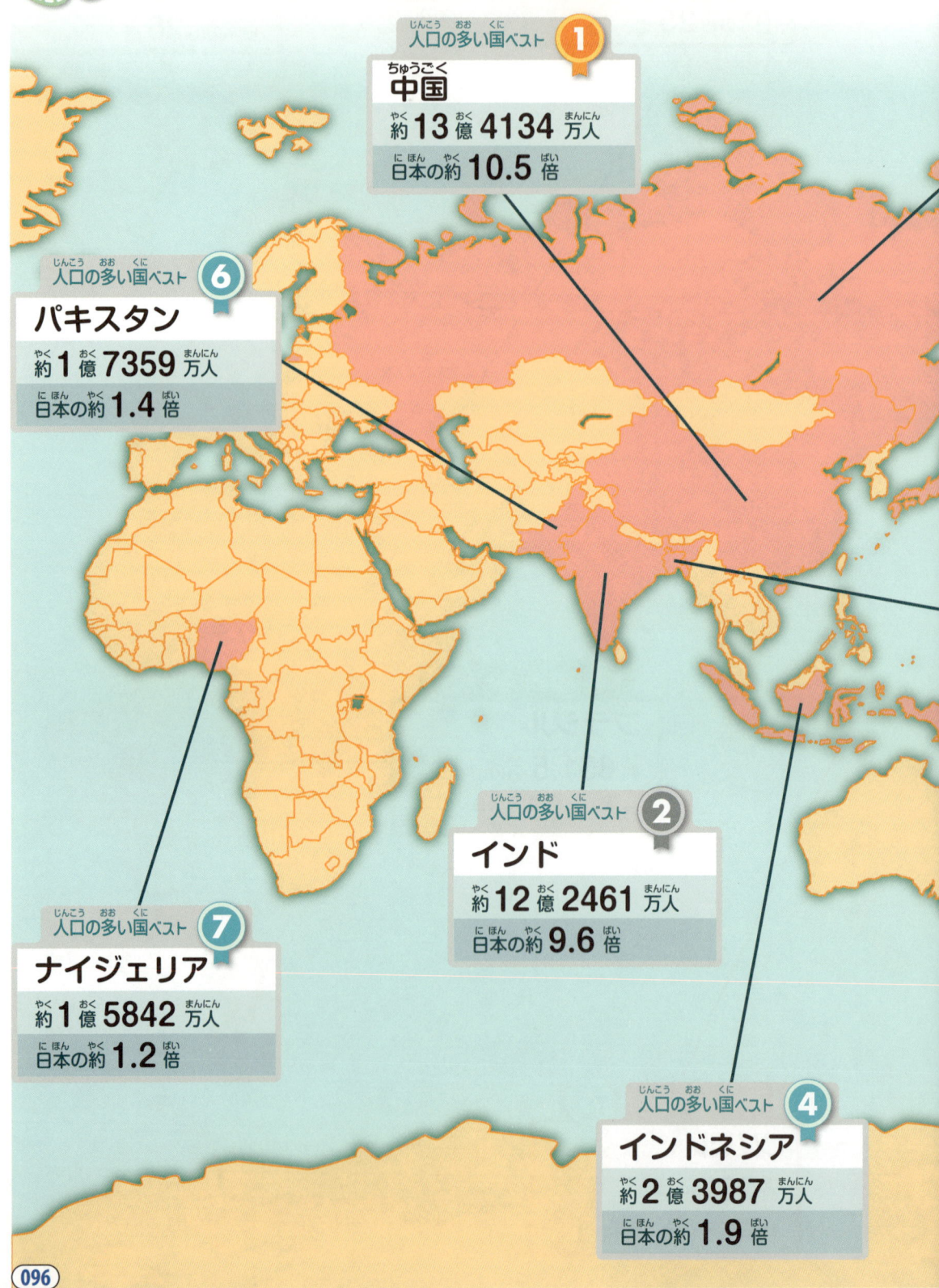

2 人口の多い国ベスト10

人口の多い国ベスト ①
中国
約13億4134万人
日本の約10.5倍

人口の多い国ベスト ⑥
パキスタン
約1億7359万人
日本の約1.4倍

人口の多い国ベスト ②
インド
約12億2461万人
日本の約9.6倍

人口の多い国ベスト ⑦
ナイジェリア
約1億5842万人
日本の約1.2倍

人口の多い国ベスト ④
インドネシア
約2億3987万人
日本の約1.9倍

第4章　世界の国の面積，人口，文化を知ろう・覚えよう！

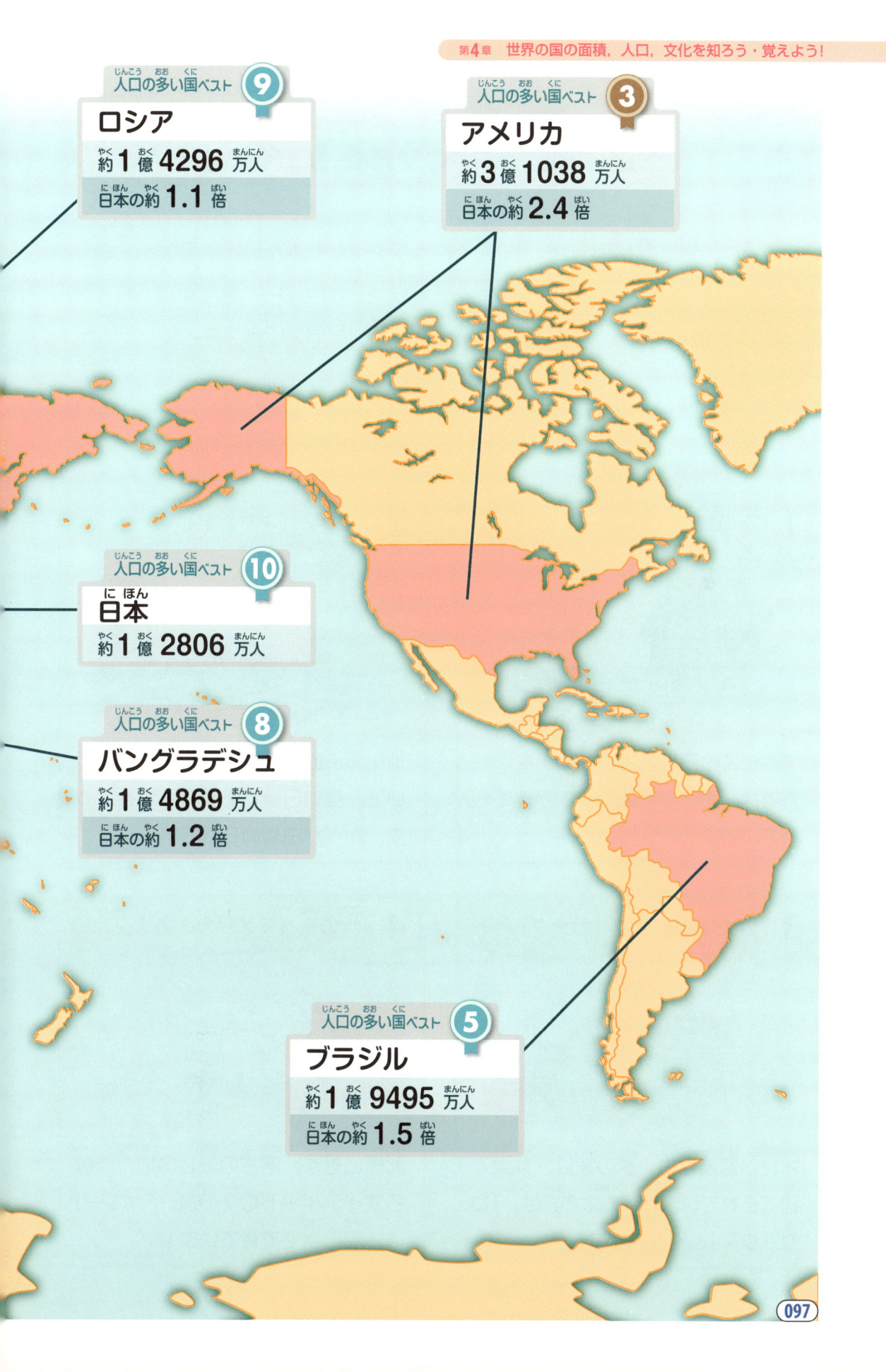

人口の多い国ベスト ⑨
ロシア
約1億4296万人
日本の約1.1倍

人口の多い国ベスト ③
アメリカ
約3億1038万人
日本の約2.4倍

人口の多い国ベスト ⑩
日本
約1億2806万人

人口の多い国ベスト ⑧
バングラデシュ
約1億4869万人
日本の約1.2倍

人口の多い国ベスト ⑤
ブラジル
約1億9495万人
日本の約1.5倍

3 世界の特色のある住居を知ろう

　世界には，寒い国や暑い国，雨の多く降る国や少ししか降らない国など，さまざまな気候の国があります。そのため，人々が暮らす住居には，寒さをしのぐ工夫や，暑さをやわらげる工夫などがしてあって，それぞれの国の風土にあったものが建てられているのです。

1 石の家（ペルー）

アンデスの高地など，木の少ない地方では，石を材料にして家が建てられています。

2 石の家（ギリシャ）

地中海に面する国の家は石でできていて，強い日差しを反射させるために，かべが白くぬられています。

3 丸太づくりの家（カナダ）

木材が豊富なカナダの家は，丸太で建てられています。丸太の家は，「ログハウス」と呼ばれます。

4 氷の家（アメリカ・カナダ）

北極に近く，寒さの厳しい地方に暮らすイヌイットの冬の家「イグルー」は，雪と氷でできています。

第4章　世界の国の面積，人口，文化を知ろう・覚えよう！

5 高床式の家（ペルー）

赤道付近の東南アジアの家は，湿気を防ぎ，風通しをよくするために，高床式になっています。

6 木の上の家（フィリピン）

フィリピンのミンダナオ島のバゴボ族は樹上生活を送る部族で，木の上に家をつくって暮らしていました。

7 移動式の家（モンゴル）

遊牧生活を送るモンゴルの人々の家「ゲル（パオ）」は，移動ができるように，組み立て式になっています。

8 草の家（ペルー）

チチカカ湖に暮らす人々は，湖の上にあしでうき島をつくり，その上にあしでできた家を建てています。

9 日干しれんがの家（モロッコ）

アフリカなど乾燥していて木材が手に入りにくい地域では，日干しれんがで家が建てられています。

10 合掌造りの家（日本）

雪の多い岐阜県白川郷の家は「合掌造り」という，雪おろしのしやすい構造になっています。

4 世界の特色のある衣服を知ろう

　これまでの歴史の中で，人々は快適に過ごせるようにと，気候に合わせて衣服を工夫してきました。また，人々が着る衣服には，それぞれの国の文化が現れています。それぞれの国にさまざまな文化があるように，世界にはたくさんの特色ある衣服があります。

1　サリー（インド）

インドの女性の民族衣装を，「サリー」といいます。1枚の布を体に巻きつけて着ます。

2　チマ・チョゴリ（韓国）

「チマ」は長いスカート，「チョゴリ」は短い上衣を指します。韓国の女性の民族衣装です。

3　アオザイ（ベトナム）

女性用の「アオザイ」は美しいことで有名です。現在も学校の制服などに採用されています。

4　チャドル（イラン）

イスラム教では女性がはだを出すことを禁じていて，イランの女性は「チャドル」ではだをおおっています。

5 トーブ（サウジアラビア）

サウジアラビアの男性の民族衣装「トーブ」は1枚の布でできたもので、ゆったりしたつくりをしています。

6 ルバシカ（ロシア）

「ルバシカ」はロシアの民族衣装です。そでやえりには、ししゅうがほどこされています。

7 キルト（スコットランド）

スコットランドのスカート状の民族衣装を「キルト」といいます。男性が着用するものです。

8 カンガ（ケニア）

カンガは東アフリカで広く着られている1枚布の民族衣装で、あざやかながらが特徴です。

9 ポンチョ（メキシコ，チリ）

アンデス山脈の高地に暮らす人々が着る「ポンチョ」は、マントにも防寒用の毛布にもなります。

10 アノラック（カナダ）

極寒のアラスカに暮らすイヌイットの人々は、「アノラック」という防寒服で寒さをしのいでいます。

第4章 世界の国の面積，人口，文化を知ろう・覚えよう！

5 世界のあいさつを知ろう

	こんにちは	ありがとう
インド ヒンディー語	ナマステー	ダンニャワード
インドネシア インドネシア語	スラマッスィアン	トゥリマカシッ
韓国 韓国語	アンニョンハセヨ	カムサハムニダ
中国 中国語	ニーハオ	シェシェ
カンボジア カンボジア語	チョムリアップ・スオ	オークン
シンガポール，マレーシアなど マレー語	スマラップタン	テリマカシ
スリランカ タミル語	ワナッカム	ナンドゥリ
タイ タイ語	サワッディークラップ	コープクン
ネパール ネパール語	ナマステ	ダンネバッドゥ
ベトナム ベトナム語	シンチャオ	カムーン
ミャンマー ミャンマー語	ミンガラーパー	チェーズティンバァデエ
モンゴル モンゴル語	サエンバエノー？	バイラルラー
イスラエル ヘブライ語	シャローム	トーダ
イラク・クウェートなど アラビア語	アッサラーム・アライクム	シュクラン

102

国	言語	こんにちは	ありがとう
イラン	ペルシャ語	サラーム・アライクム	モンシャッケラン
トルコ	トルコ語	メルハバ	テシェッキュルエデリム
ロシア	ロシア語	ズドゥラーストヴィチェ	スパシーバ
キリバス	キリバス語	マウリ	コ・ラブワ
ニュージーランド	マオリ語	キヨラ	カバイ
エチオピア	アムハラ語	イッシ	イグゼル・イースティレニ
ケニア	スワヒリ語	ジャンボ	アサンテ
フィリピン	フィリピン語	マガンダンハポン	マラミンサラマット
イギリス・アメリカなど	英語	ハロゥ	サンキュー
イタリア・スイスなど	イタリア語	ボンジョルノ	グラーツィエ
ドイツ・オーストリアなど	ドイツ語	グーテンターク	ダンケシェーン
フランス	フランス語	ボンジュール	メルシ
オランダ	オランダ語	フーテンミッターフ	ダンキュヴェル
ギリシャ	ギリシャ語	カリメラ	エフハリスト
スウェーデン	スウェーデン語	ヘイ	タック
スペイン・メキシコなど	スペイン語	ブエナスディアス	グラーシアス

第4章 世界の国の面積，人口，文化を知ろう・覚えよう！

クイズ・パズル！　世界の住居・民族衣装・あいさつ など

① 次の3つの住居は何と呼ばれていますか。また，どの地域に多い住居ですか。それぞれ記号で答えなさい。

A　B　C

①イグルー
②高床式住居
③ゲル（パオ）

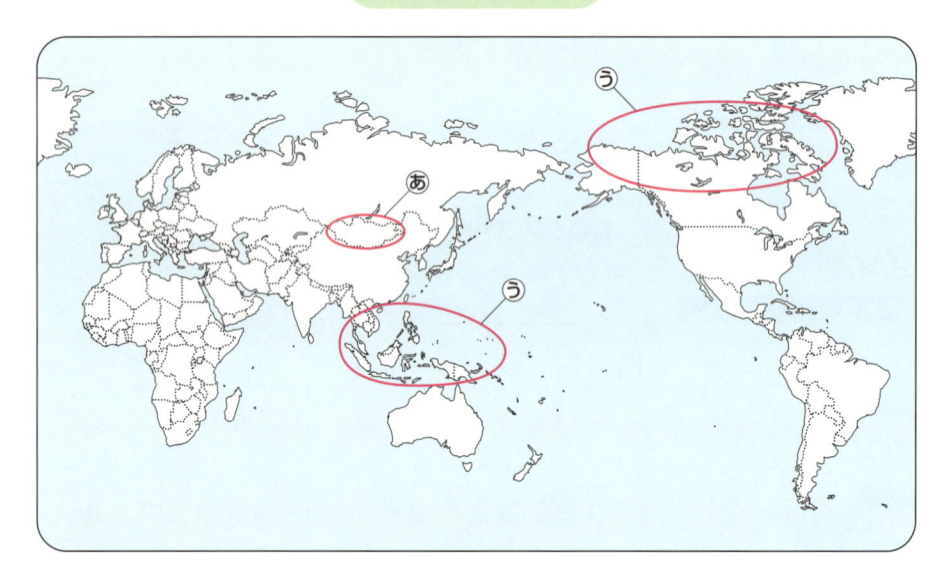

A （　　　）ー（　　　）

B （　　　）ー（　　　）

C （　　　）ー（　　　）

答え　① A② ーう　B① ーい　C③ ーあ

104

第4章　世界の国の面積，人口，文化を知ろう・覚えよう！

② 次の衣装は，どの国の民族衣装ですか。空らんの中にあてはまる国名を書きなさい。

A　(　　　　　)　　B　(　　　　　)　　C　(　　　　　)

③ 次の問題の答えを，あとから選んで，記号で答えなさい。

A イスラム教の国イランでは，女性が肌を出すことを禁止しているので，チャドルという民族衣装で体をおおっています。さて，チャドルの色は何色でしょう。

答え　[　　]

B ベトナムの民族衣装はとても美しい衣装です。今は，学校の制服に使われたりしています。この民族衣装は「〇〇ザイ」と呼ばれています。〇〇に入る語句をあとから選びなさい。

答え　[　　]

C 地中海に面した国では，家はほとんど石でできています。また，強い日差しを避けるために，多くの家の壁は，ほとんど同じ色です。さて，何色でしょう。

答え　[　　]

㋐ アカ　㋑ ミドリ　㋒ クロ　㋓ アオ　㋔ キ　㋕ シロ

答え　②A インド　B 韓国　C 日本　③A ㋒　B ㋐　C ㋕

第4章　世界の国の面積，人口，文化を知ろう・覚えよう！

4 次のあいさつの言葉の中から，1つだけ違う種類のものを見つけて記号で答えなさい。

A
- ㋐ ナマステー
- ㋑ サンキュー
- ㋒ シェシェ
- ㋓ ダンケシェーン

（　　　）

B
- ㋐ ハロゥ
- ㋑ コンニチハ
- ㋒ ボンジュール
- ㋓ カムサハムニダ

（　　　）

5 次の問題について，それぞれ記号で答えなさい。

A 世界で2番目に面積の大きな国はどこですか。

㋐ カナダ　　㋑ アメリカ　　㋒ ロシア　　㋓ 中国

（　　　）

B 世界で2番目に面積の小さな国はどこですか。

㋐ バチカン市国　　㋑ サンマリノ　　㋒ モナコ　　㋓ ツバル

（　　　）

C 世界で2番目に人口の多い国はどこですか。

㋐ アメリカ　　㋑ インド　　㋒ 中国　　㋓ 日本

（　　　）

第5章

世界の国々。
クイズとパズル！

第5章 世界の国々。クイズとパズル！

クイズ・パズル！ バラバラになっている国は，何という国？

→ 2つに分けられている国はどこでしょう。

① (　　　)

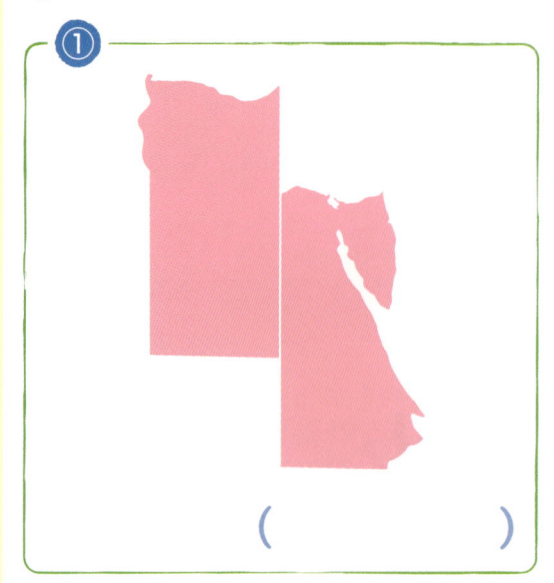

② (　　　)

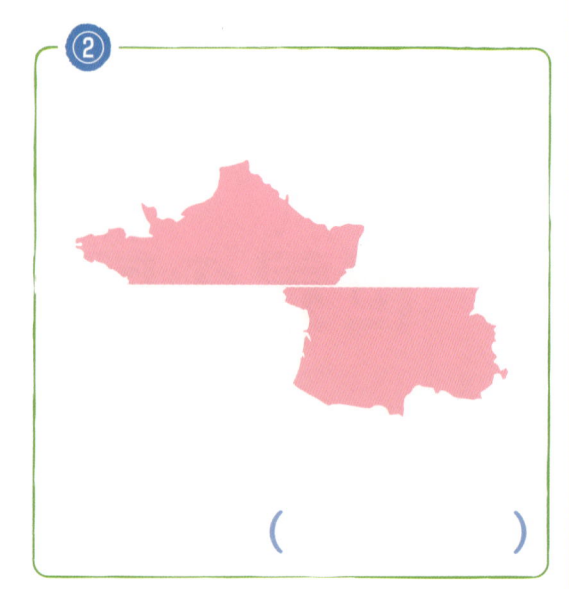

→ 3つに分けられている国はどこでしょう。

③ (　　　)

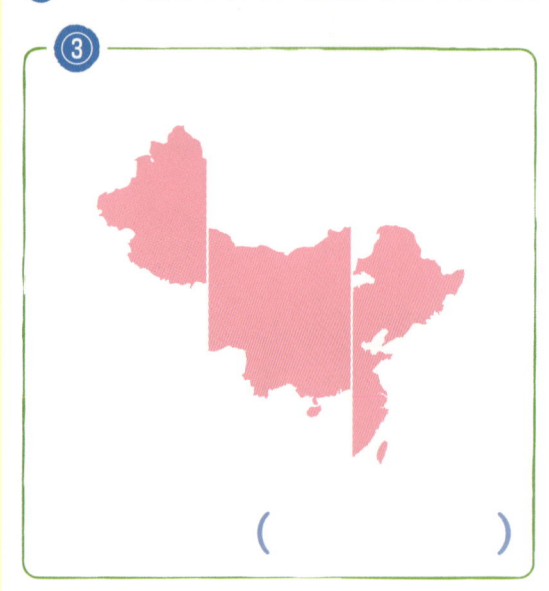

④ (　　　)

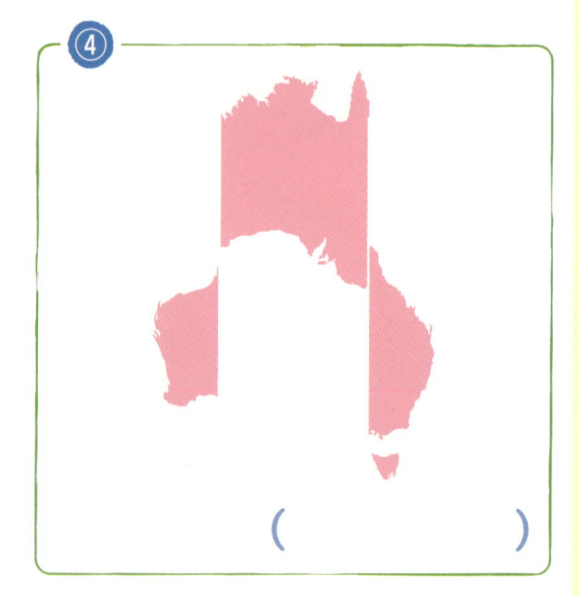

答え ①エジプト ②フランス ③中国 ④オーストラリア

国の形を完成させよう！

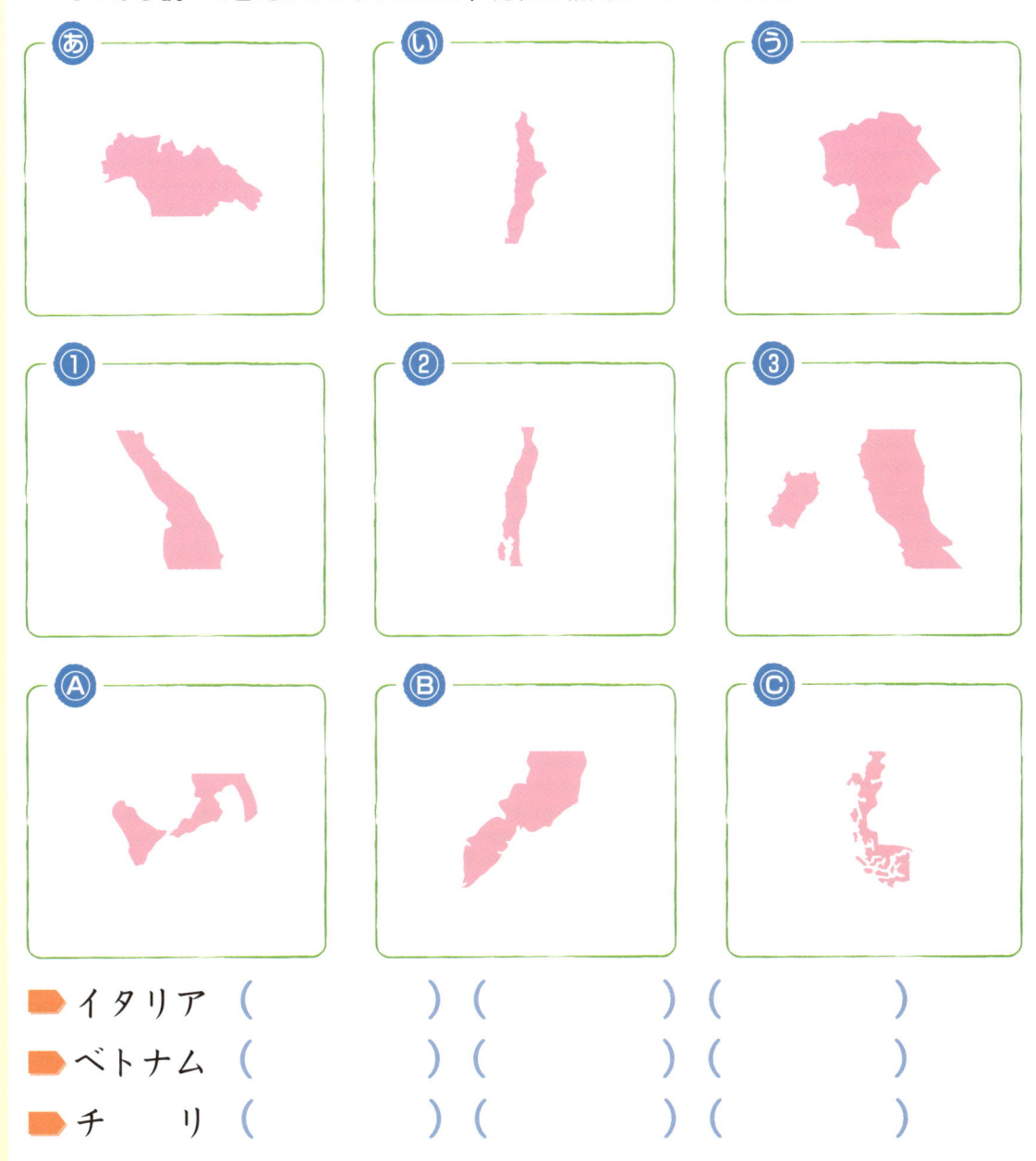

クイズ・パズル！

第5章 世界の国々。クイズとパズル！

→ 下の地図は，細長い3つの国「イタリア」「ベトナム」「チリ」をそれぞれ3分割してたものです。3つのパーツを組み合わせて，それぞれの国の形を完成させましょう。地図帳で形をしっかり調べて答えましょう。ただし，方位と縮尺はバラバラです。

- イタリア （　　　）（　　　）（　　　）
- ベトナム （　　　）（　　　）（　　　）
- チ　リ　（　　　）（　　　）（　　　）

第5章 世界の国々。クイズとパズル！

クイズ・パズル！ 何という国の名前かな？ ①

> 注 この問題は，地図帳など，ほかの本も参考にして答えてください。

➡ 黄色の部分の文字を上から順に読むと，何という国の名前になりますか。なお，それぞれの段には，横に国の名前が入るので，ヒントから考えてみましょう。そうすると，答えがわかります。

- **1段目** 広大な穀倉地帯が広がる黒海に面した国です。首都はキエフです。
- **2段目** サハラ砂漠の南に位置し，国土の3分の2が砂漠です。首都はニアメです。
- **3段目** 中央アメリカにあり，昔マヤ文明が栄えました。首都名は国名と同じです。
- **4段目** インドシナ半島にあり，アンコールワットなどの遺跡があります。
- **5段目** 首都エルサレムはイスラム教，キリスト教，ユダヤ教の共通の聖地となっています。

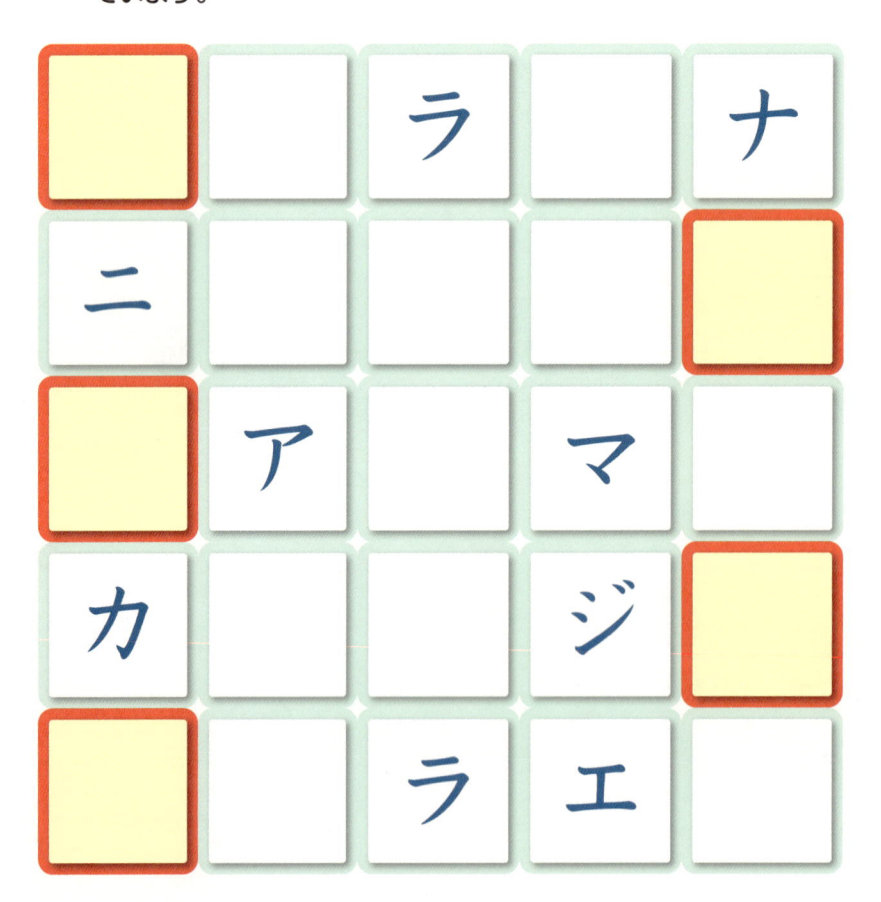

答え ウクライナ（上の段から順に），ニジェール，グアテマラ，カンボジア，イスラエル

何という国の名前かな？ ❷

> 注 この問題は，地図帳など，ほかの本も参考にして答えてください。

➡ 黄色の部分の文字を入れ替えて読むと，何という国の名前になりますか。なお，それぞれの列には，縦に国の名前が入るので，ヒントから考えてみましょう。そうすると，答えがわかります。

- **1列目** 日本では音楽家のショパンや科学者のキュリー夫人を生んだ国として知られています。首都はワルシャワです。
- **2列目** 中央アメリカにあるカリブ海と太平洋に面した国です。首都はサンホセです。
- **3列目** チェコスロバキアが2つに分かれたうちの1つです。首都はブラチスラバです。
- **4列目** インドの南部にある島国で，紅茶や宝石で有名です。首都は長い名前です。
- **5列目** 南アメリカ大陸のほぼ中央に位置する内陸国です。首都はアスンシオンです。

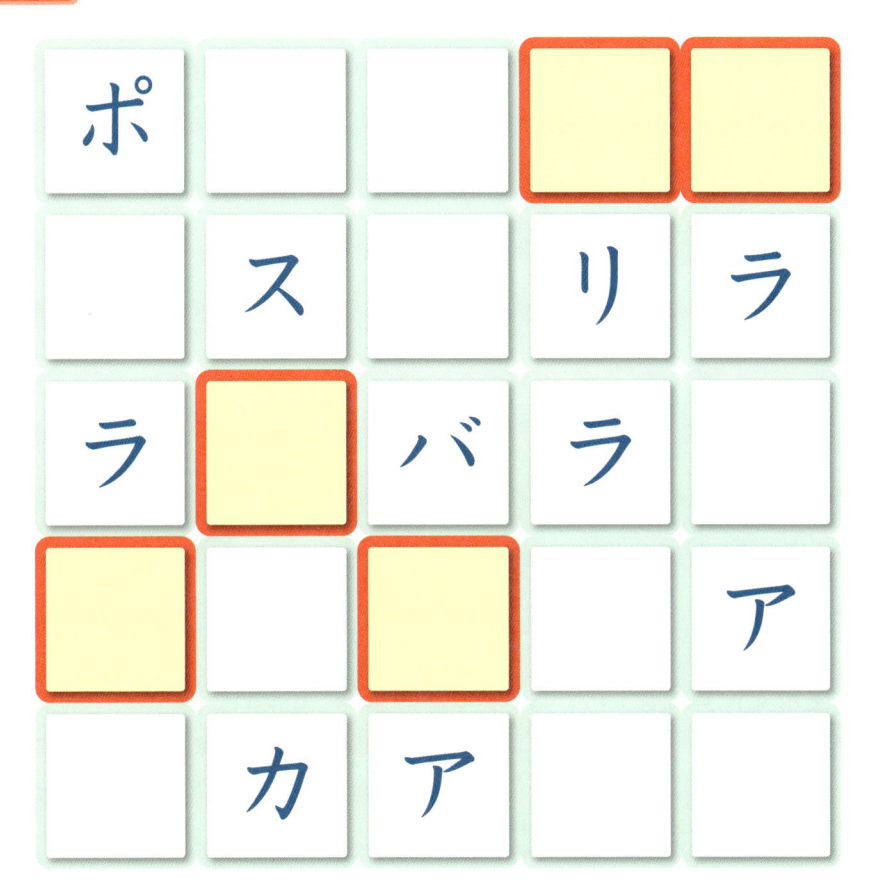

答え ／ パキスタン（名の通りに，キーランド，コスタリカ，スロバキア，スリランカ，パラグアイ）

著者紹介

西川秀智(にしかわ・ひでとも)

昭和28年生まれ。平成3年大阪教育大学大学院修了。地理学専攻。
「小学生の地名認知」について研究し，大阪教育大学紀要などに論文を発表。日本生活科，総合的学習学会に所属。大阪教育大学教育学部附属天王寺小学校，大阪府羽曳野市の公立学校教員・教育委員会を経て，現在，羽曳野市の公立小学校校長。
著書『クイズで楽しく　地図帳と遊ぼう！』『小学4年生までに覚えたい　日本の都道府県』『小学4年生までに覚えたい　日本の自然地名』(文英堂)など。

- 編集協力　　多湖 奈央
- イラスト　　よしのぶ もとこ
- 図　版　　　デザインスタジオエキス

シグマベスト
**小学4年生までに覚えたい
世界の国々**

本書の内容を無断で複写(コピー)・複製・転載することは，著作者および出版社の権利の侵害となり，著作権法違反となりますので，転載等を希望される場合は前もって小社あて許諾を求めてください。

©西川秀智　2012　　Printed in Japan

著　者　西川秀智
発行者　益井英博
印刷所　凸版印刷株式会社
発行所　株式会社　文英堂

東京都新宿区岩戸町17　〒162-0832
電話　(03)3269-4231(代)　振替　00170-3-82438
京都市南区上鳥羽大物町28　〒601-8121
電話　(075)671-3161(代)　振替　01010-1-6824

●落丁・乱丁はおとりかえします。

白地図・世界の国々

▼ヨーロッパ拡大図